Fun &Art | 명화 틀린 그림 찾기

Fun & Art | 명화 틀린그림찾기

Kyra

....

Fun&Art
명화 틀린그림 찾기

1판 1쇄 퍼냄 2017년 1월 5일

출판등록   제2009-000281호(2004.11.15)
주소   03908 서울특별시 마포구 월드컵북로 375,
             2508호 (상암동)
전화   영업 02-2266-2501   편집 02-2266-2502
팩스   02-2266-2504
이메일   kyrabooks823@gmail.com
ISBN   979-11-5510-043-1 13650

Kyra
키라북스는 (주)도서출판다빈치의 취미실용도서 브랜드입니다.

차례

들어가는 말

명화를 가만히, 자세히 들여다본 적이 있나요? 그림 속으로 들어가듯 보고 있으면 전혀 새로운 세계가 펼쳐집니다. 여기, 유럽 미술 최고의 명작 40점을 소개합니다. 이들 작품 하나하나를 꼼꼼히, 아주 작은 세부까지 살펴보세요. 아름다움과 감동이 몇 배로 커질 것입니다. 화가가 그림 속에 감춰 놓은 기발하고 흥미로운 요소들을 찾아보세요. 소소한 것들이 어우러져 얼마나 놀라운 효과를 가져오는지 경험할 수 있습니다. 배경의 인물들 사이에 흐르는 미묘한 분위기나 한 사람의 얼굴 표정만으로도 그림은 더욱 매력적으로 변하기 때문이에요.

여러분이 이런 즐거움을 충분히 즐기도록 각각의 그림에 원작과 틀린 부분을 20가지씩 숨겨놓았습니다. 왼쪽의 그림이 원작이고, 오른쪽이 틀린 그림입니다. 서로 다른 부분을 찾아가다 보면 그림에 대해 속속들이 알 수 있을 뿐더러 무엇이 그림을 특별하게 만드는지 느낄 수 있을 것입니다. 자, 세상 어디에도 없는 이상한 갤러리로 들어가 보세요!

폴리 베르제르의 바

에두아르 마네
1882년
코톨드 인스티튜트 오브
아트 갤러리, 런던
*The Art Archive /
DeA Picture Library*

마네의 이 유명한 그림에도 틀린 그림이 숨어 있다.
앞에 놓인 물건들 중에서
뒤쪽 거울에 비치지 않은 것은 무엇일까?

봄 (부분)

주세페 아르침볼도
1563년
산페르난도 왕립미술아카데미,
마드리드
The Art Archive /
Academia BB AA S Fernando /
Gianni Dagli Orti

대담한 상상력이 돋보이며,
수수께끼와 신기한 상징으로
가득한 아르침볼도의 그림은
르네상스인들에게 많은 사랑을
받았다. 그리고 수백 년 후에
등장한 초현실주의자들에게
커다란 영감을 주었다.

시녀들, 에스파냐의 펠리페 4세 가족 (부분)

디에고 벨라스케스
1656년
프라도 미술관, 마드리드
The Art Archive /
Museo del Prado Madrid /
Gianni Dagli Orti

이 그림의 주인공은 누구일까?
다섯 살짜리 공주와 시녀들일까?
거울에 비친 왕과 왕비일까?
붓을 든 화가 자신일까?
왕과 왕비는 그림을 보는 관람자와 같은 자리에 서 있다.

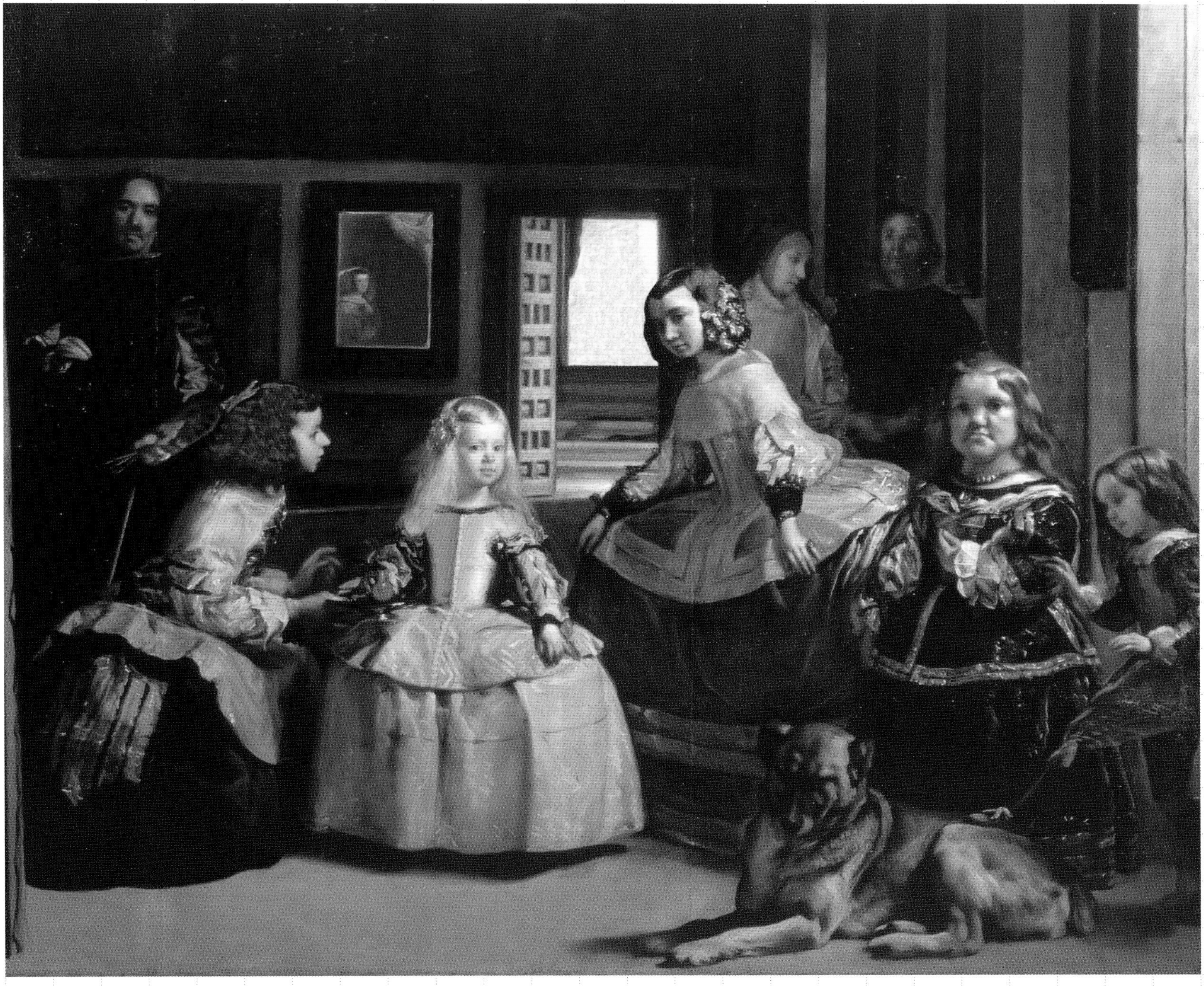

마르타와 마리아의 집을 방문한 그리스도
피터르 아르천
1553년
보이만스 판 뵈닝언 미술관, 로테르담

볼거리가 많은 이 그림에서
무엇보다 사람들의 옷에 주목해보자.
화면 왼쪽의 사람들은 16세기 당시의 옷을 입었지만,
오른쪽의 사람들은 성경 속 인물들처럼,
즉 배경에 걸린 그림의 등장인물들처럼 차려입었다.

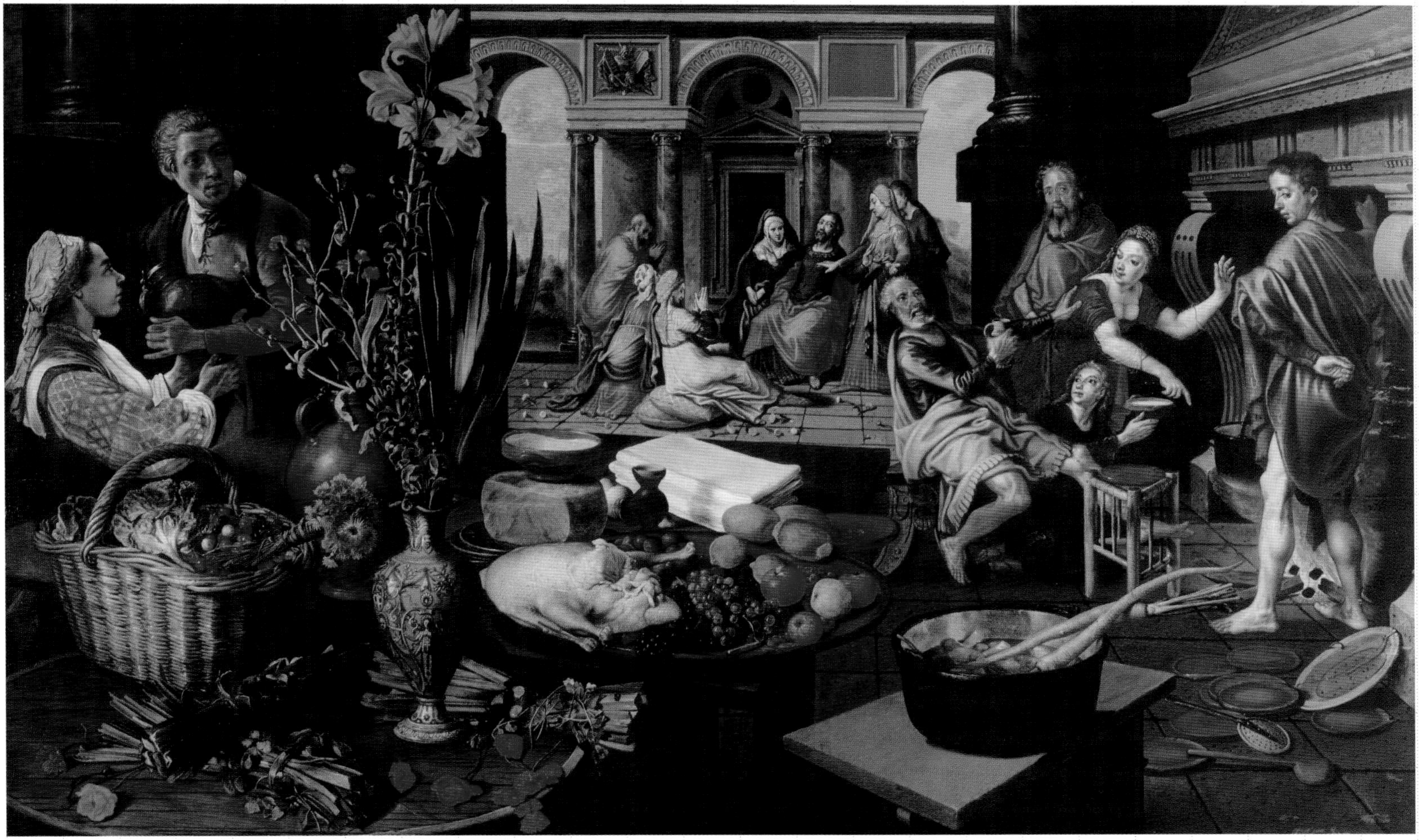

앵무새 새장

얀 스테인
1665년
암스테르담 국립미술관
*The Art Archive /
DeA Picture Library*

얀 스테인은 집 안에서
벌어지는 소소한 일들을 즐겨
그렸다. 여기, 한 가족의 일상을
들여다보자. 화가는 뛰어난
실력으로 옷, 가구, 바닥,
새장 등의 질감을 생생하게,
사실적으로 묘사했다.

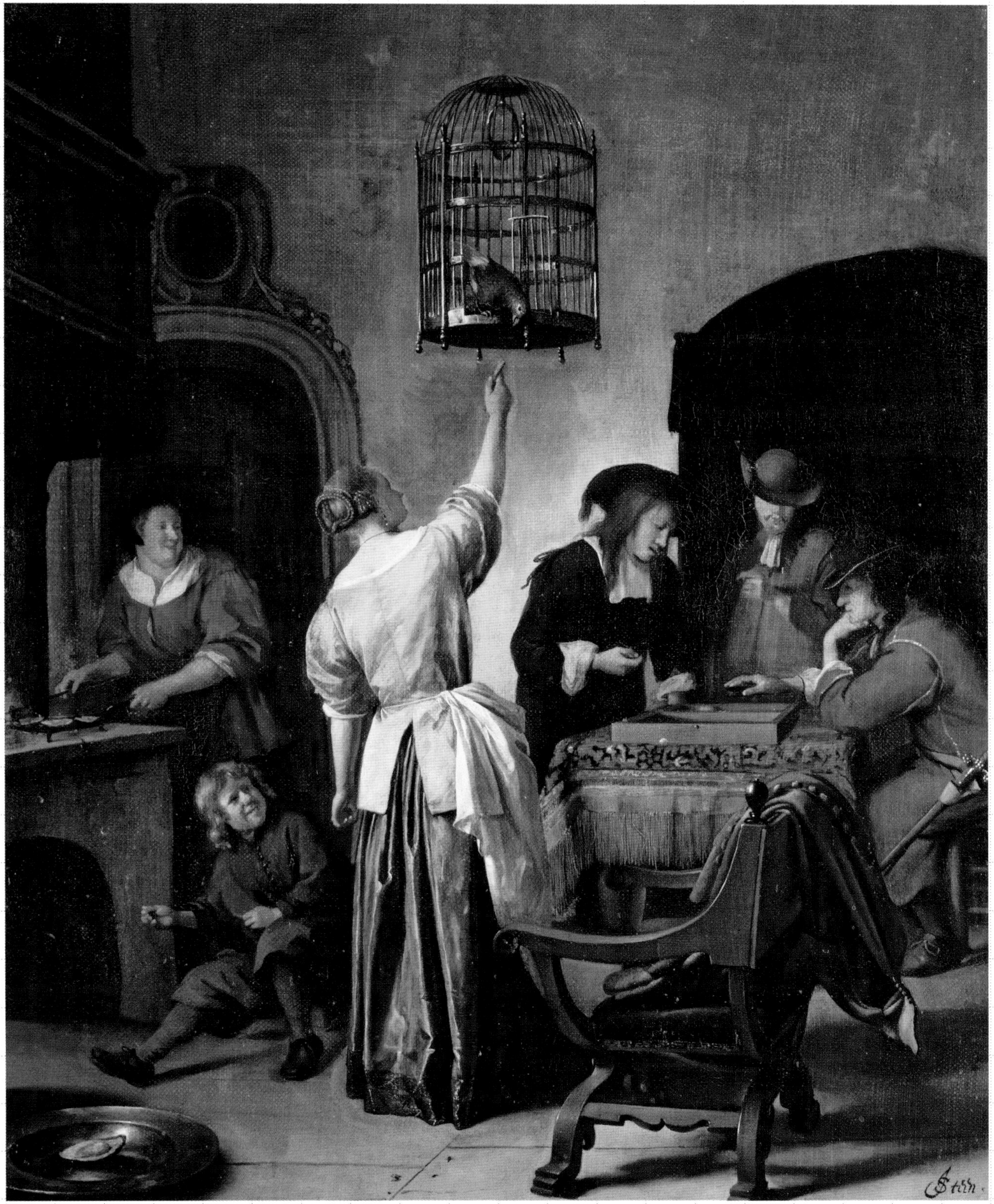

델프트의 집 안뜰

피터르 데 호흐

1658년

내셔널 갤러리, 런던

The Art Archive /
DeA Picture Library

집의 구조와 양식에 대해 큰
관심을 지닌 화가는 조화로운
분위기를 연출해냈다.
아치 위의 글이 새겨진 석판은
고대 회랑에서 유래한 것으로,
지금도 델프트 곳곳에서 찾아볼
수 있다.

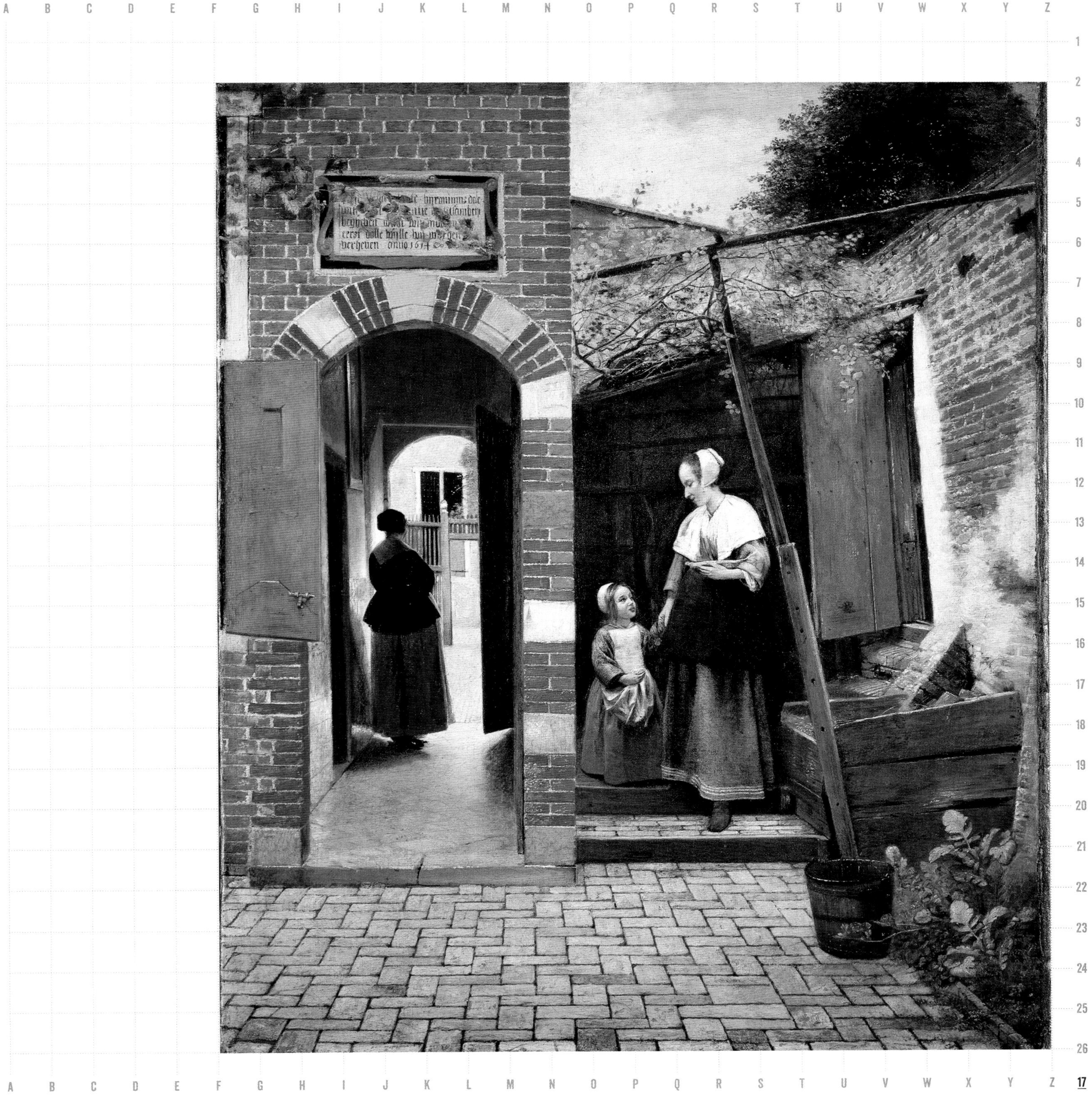

그랑자트 섬의 일요일

조르주 쇠라
1884–1886년
시카고 아트 인스티튜트
The Art Archive / DeA Picture Library

점묘법으로 그린 이 유명한 그림을
한 번쯤은 본 적이 있을 것이다.
쇠라는 아연황이라는 새로운 안료를 써서
햇빛에 반짝이는 잔디를 표현했다.
시간이 흐르며 색은 점점 바랬지만,
원래 빛과 그림자가 얼마나 대비되었을지
상상해 보자.

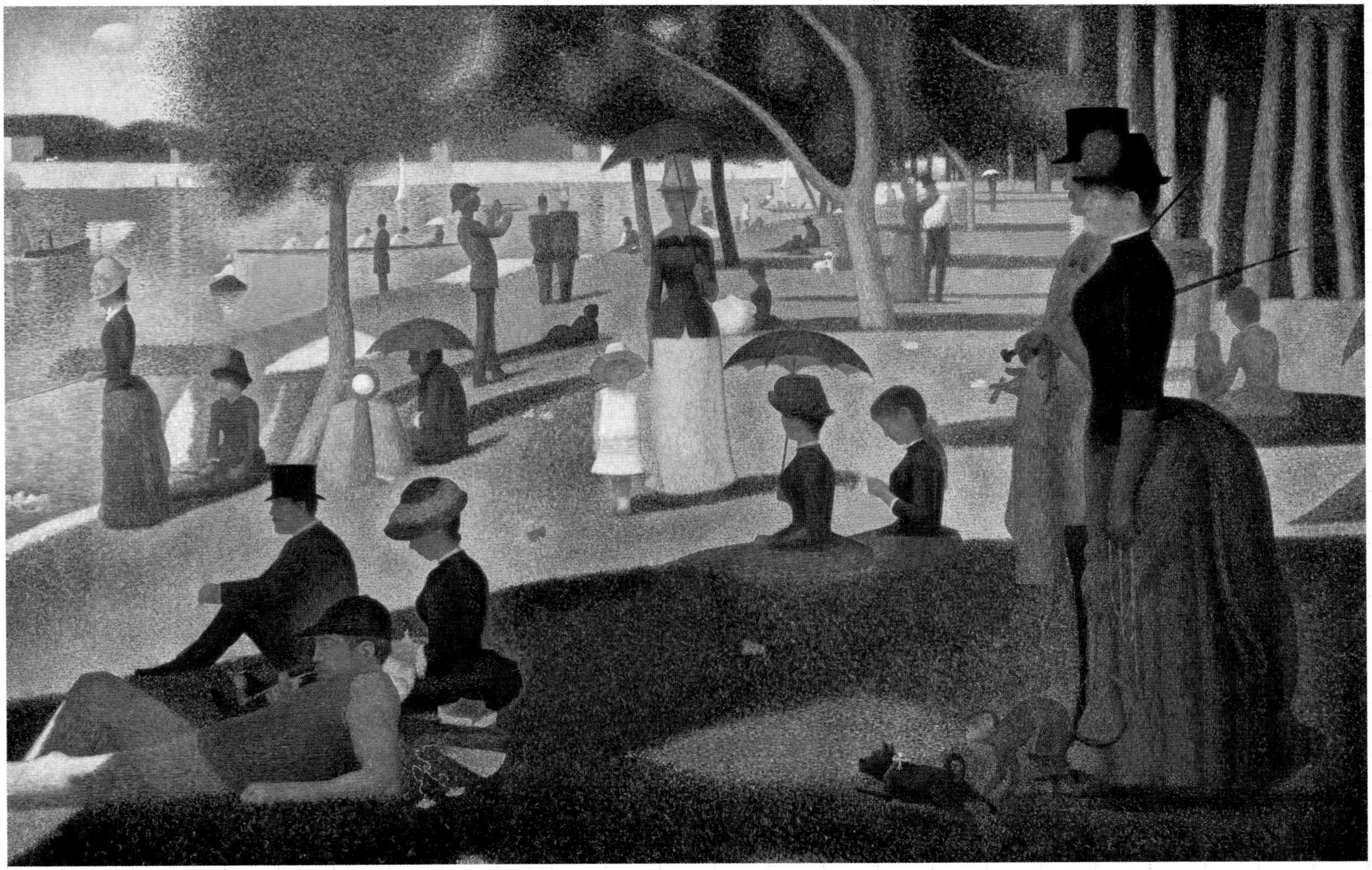

사랑하는 연인

요하네스 페르메이르
1657-1658년경
프릭 컬렉션, 뉴욕
The Art Archive / Frick Collection,
New York / Superstock

페르메이르는 빛을 이용해
온화하면서도 극적인 실내 정경을 잘 그렸다.
창문으로 들어오는 부드러운 햇살이
방 안의 명암을 뚜렷하게 구분 짓고 있다.
원근법 구성은 카메라 오브스쿠라 기법으로 해결했을 것이다.

A B C D E F G H I J K L M N O P Q R S T U V W X Y Z

1 2 3 4 5 6 7 8 9 10 11 12 13 14 15 16 17 18 19 20 21 22 23 24 25 26

A B C D E F G H I J K L M N O P Q R S T U V W X Y Z

이 사람을 보라

쿠엔틴 마시스
1518–1520년
프라도 미술관, 마드리드
The Art Archive /
Museo del Prado Madrid

뛰어난 초상화가인 마시스는 때로
사람들을 기괴하게 묘사하기도 했다.
성당 파사드의 정교한 대리석 장식을
눈여겨보자. 창 끝에 달린 깃발 속의
머리가 두 개인 독수리가 합스부르크
가문의 상징이라는 것을 알고 있는가?

A B C D E F G H I J K L M N O P Q R S T U V W X Y Z

1
2
3
4
5
6
7
8
9
10
11
12
13
14
15
16
17
18
19
20
21
22
23
24
25
26

A B C D E F G H I J K L M N O P Q R S T U V W X Y Z

대사들

소(小) 한스 홀바인
1533년
내셔널 갤러리, 런던
The Art Archive /
DeA Picture Library

점잖은 신사들이 멋지게 차려입고
화가 앞에 섰다.
이 작품에는 섬뜩한 수수께끼가 담겨 있다.
수수께끼의 정체는 오른쪽 위나 왼쪽 밑에서 보면
확실히 알 수 있다. 과연, 무엇일까?

A B C D E F G H I J K L M N O P Q R S T U V W X Y Z

1 2 3 4 5 6 7 8 9 10 11 12 13 14 15 16 17 18 19 20 21 22 23 24 25 26

A B C D E F G H I J K L M N O P Q R S T U V W X Y Z

**다양한 물건들로 가득한
호기심 수납장**

안드레아 도메니코 렘프스
1621–1699년
피에트레 두레 공방 박물관, 피렌체
*The Art Archive / DeA Picture Library /
G. Nimatallah*

수납장 안의 크고 작은 물건들이
한눈에 들어오는 가운데,
상단에 놓인 거울 속에
화가가 그림을 그리고 있는 방이 조금 비친다.
수납장의 금이 간 유리가 사실감을 더해준다.

폴리 베르제르의 바

에두아르 마네

1882년

코톨드 인스티튜트 오브 아트
갤러리, 런던
*The Art Archive /
DeA Picture Library*

마네의 이 유명한 그림에도 틀린 그림이 숨어 있다.
앞에 놓인 물건들 중에서
뒤쪽 거울에 비치지 않은 것은 무엇일까?

A B C D E F G H I J K L M N O P Q R S T U V W X Y Z

1
2

21
22
23
24
25
26

A B C D E F G H I J K L M N O P Q R S T U V W X Y Z

성 게오르기우스와 용

파올로 우첼로

1470년경

내셔널 갤러리, 런던

The Art Archive / DeA Picture
Library / M. Carrieri

우첼로는 화면에 원근법을 도입한
최초의 화가에 속한다.
성 게오르기우스가 용을 무찌르는
극적인 순간을 포착한 이 후기 고딕양식의 그림에서
성 게오르기우스를 호위하듯 나타난 폭풍우 구름은
신이 그와 함께하고 있음을 상징한다.

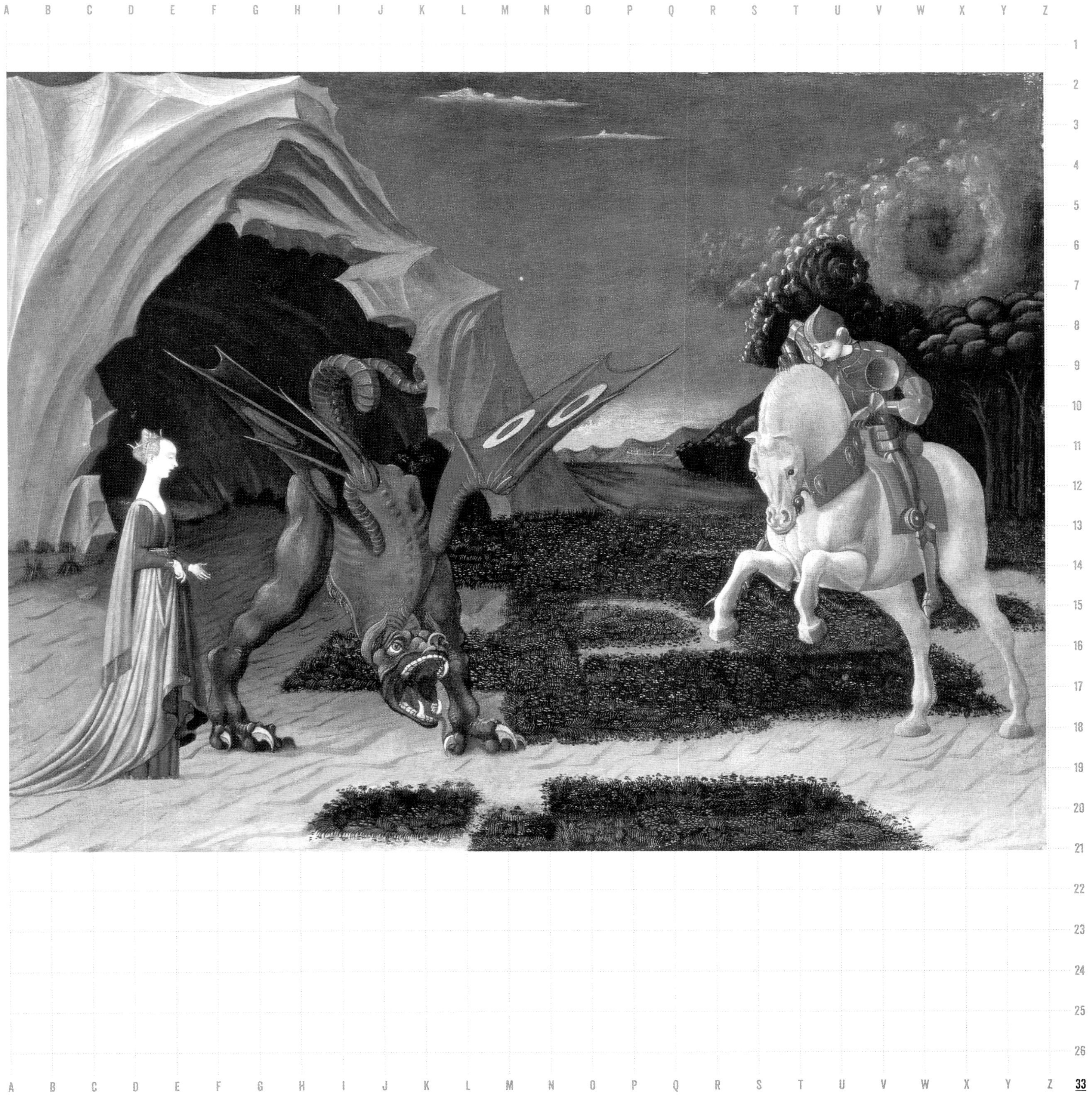

알레고리 정물화

발타사르 판 데르 아스트
1590–1656년
샤르트뢰즈 미술관, 두에
*The Art Archive /
DeA Picture Library*

16–17세기 정물화에서 나비는 부활을 상징하며,
상하기 시작한 사과는 짧게 끝나버리는
인간 세상의 쾌락을 연상시킨다.
화가는 아름다운 소라 껍데기를 사실적으로 묘사해
자신의 뛰어난 실력을 뽐내고 있다.

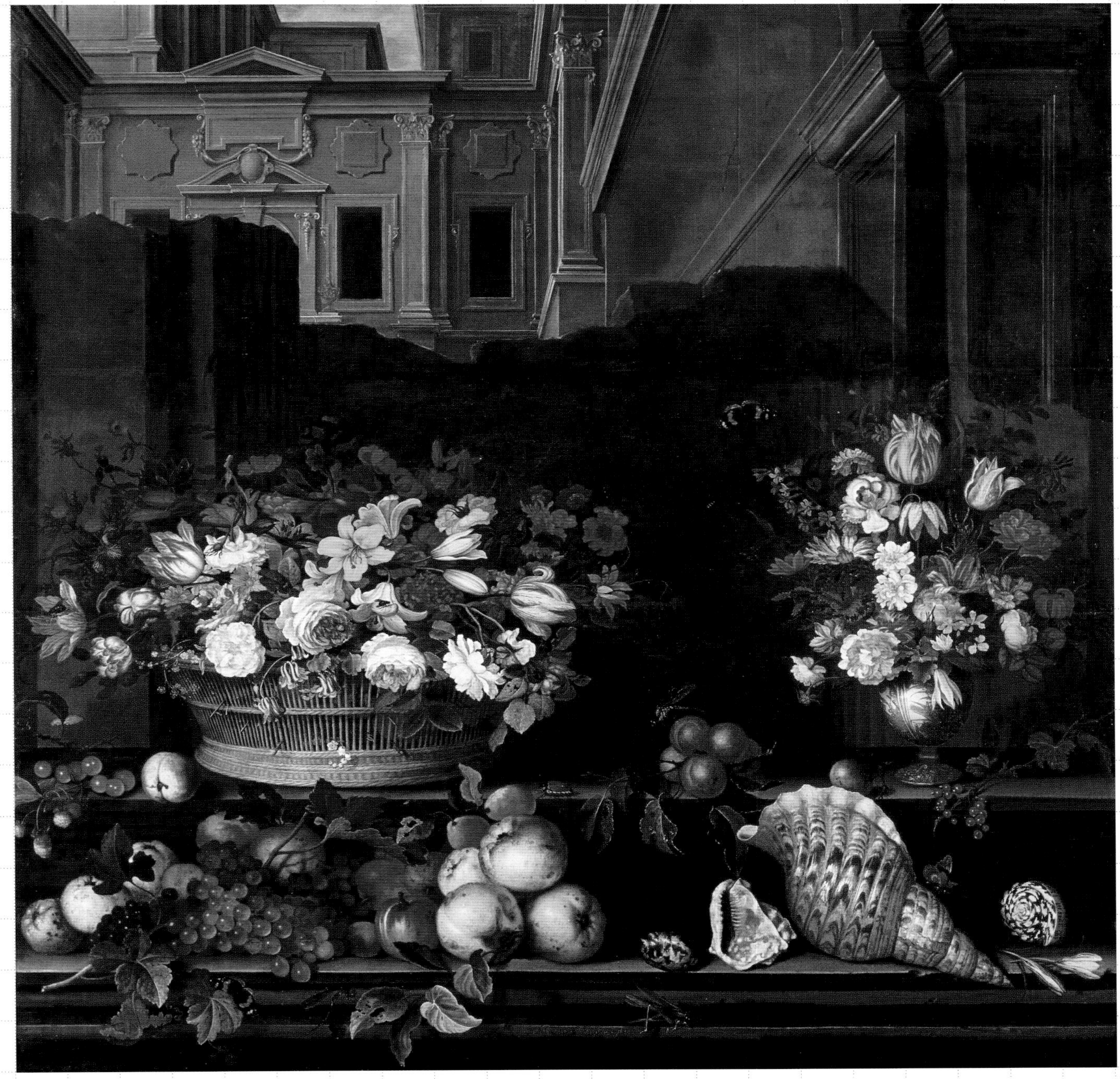

피리를 든 소년이 있는 실내

'체코 델 카라바조'로 알려진
프란체스코 부오네리
1610~1621년경
애시몰린 박물관, 옥스퍼드
The Art Archive /
Ashmolean Museum

화가는 16세기 말~17세기 초 이탈리아에서 활동한
유명한 화가 카라바조의 추종자였다.
어쩌면 그는 소년 시절에 그림의 모델로서
카라바조의 곁에 머물렀을지도 모른다.
수수께끼 같은 분위기를 풍기는 그림 속에는
치즈 덩어리, 파이 등 많은 정물이 놓여 있다.

1
2
3
4
5
6
7
8
9
10
11
12
13
14
15
16
17
18
19
20
21

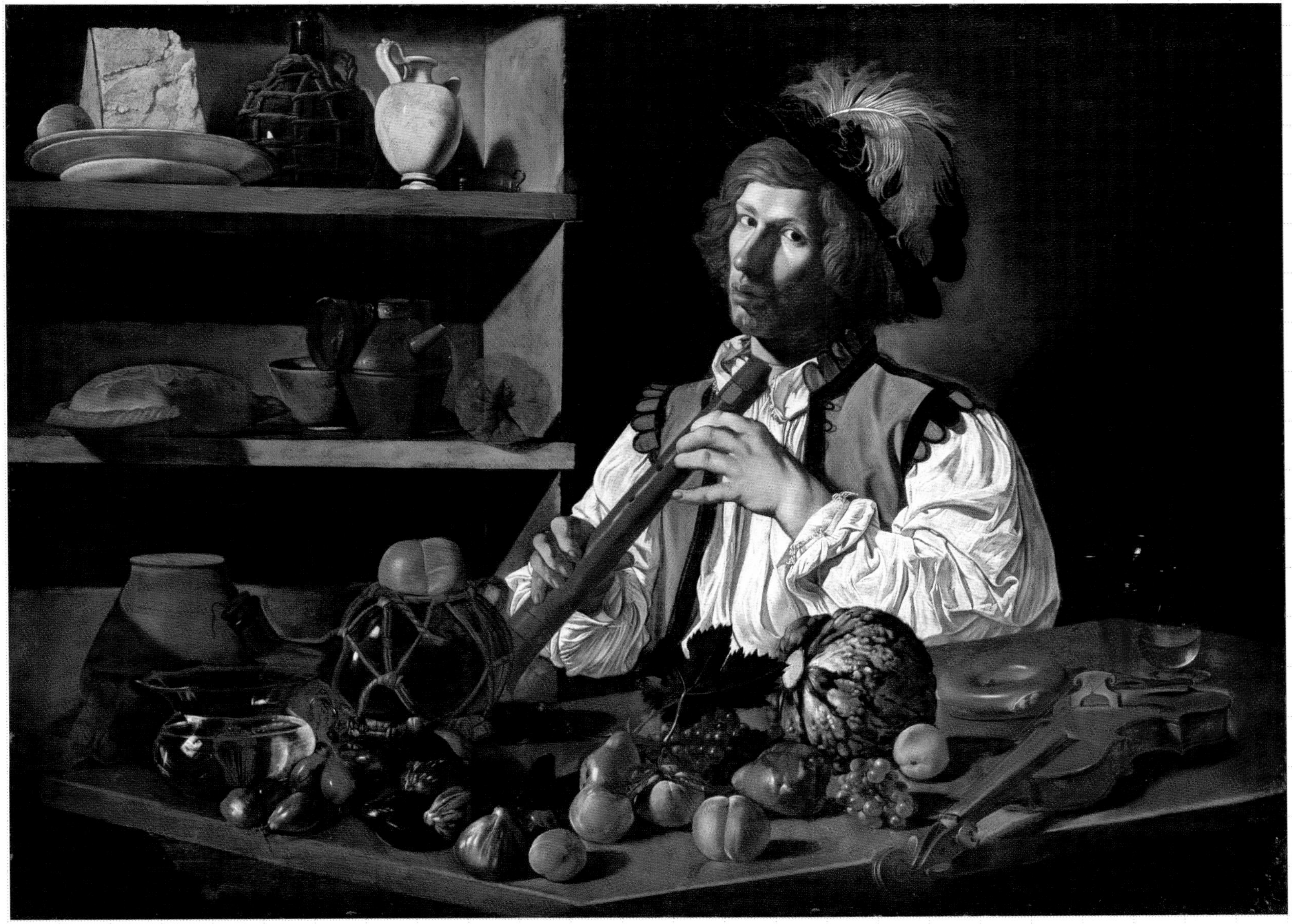

22
23
24
25
26

아이들의 놀이 (부분)

대(大) 피터르 브뤼헐
1560년
미술사 미술관, 빈
The Art Archive /
Kunsthistorisches Museum
Vienna / Mondadori
Portfolio / Electa

즐겁게 뛰노는
아이들의 모습 이면에,
사소한 욕망을 향한
어리석은 집착을
날카롭게 풍자하고 있다.
화면 왼쪽 아래의 두 소녀는
팔십 가지의 놀이 중에서
공기놀이를 하고 있다.

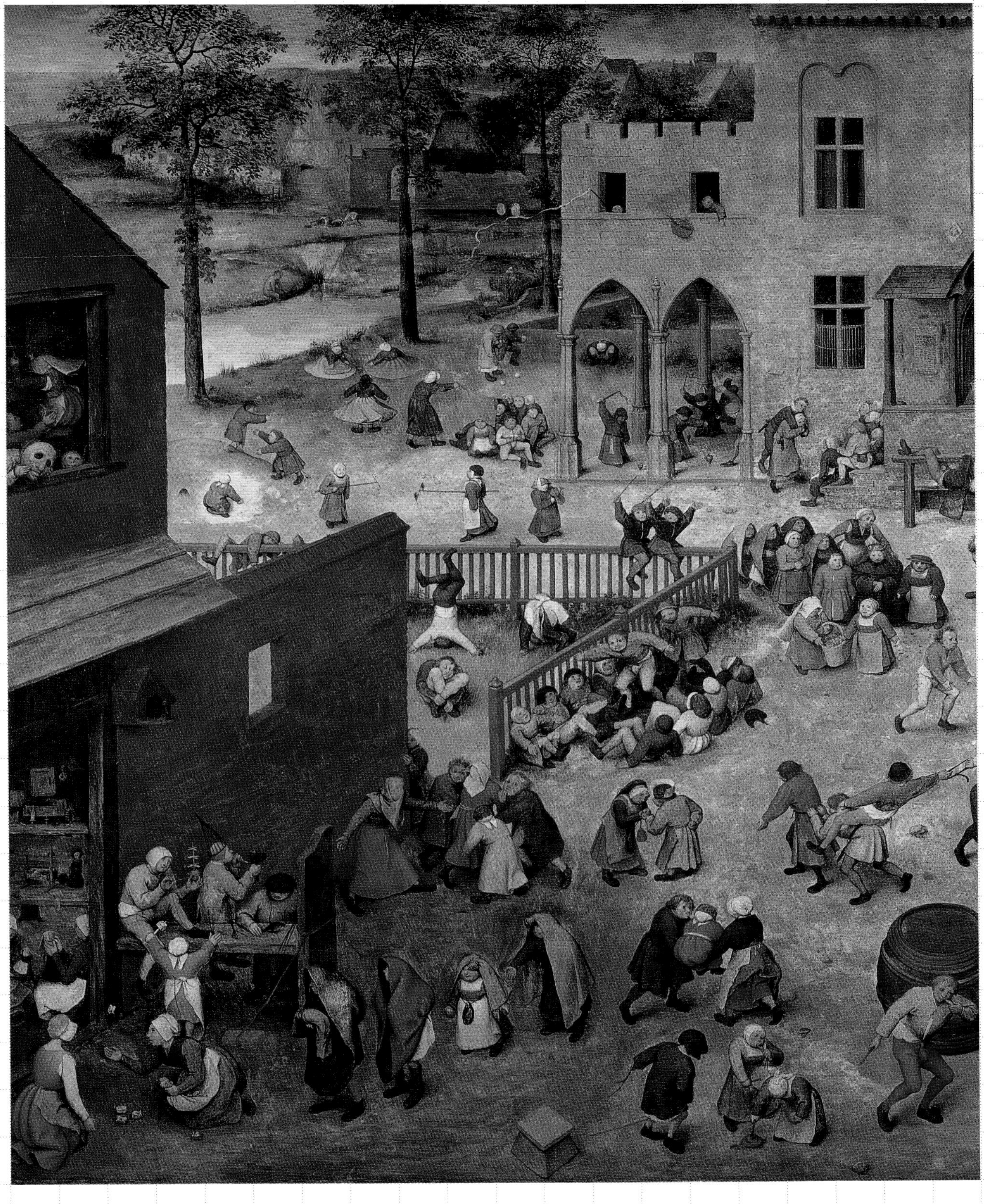

**얀 스테인과 헤리트 스하우턴
가족이 함께 있는 상상의 실내**
얀 스테인
1659-1660년경
넬슨 앳킨스 미술관, 캔자스시티
The Art Archive / Nelson-Atkins
Museum of Art / Superstock

상상으로 그린 이 그림 속에는
17세기 네덜란드의 생활상이 생생하게 담겨 있다.
헤리트 스하우턴은 하를럼에서
'코끼리'라는 양조장을 운영한 사업가였다.
화가는 이러한 사실을 재치 있게 표현해두었다.
화가가 숨겨놓은 코끼리는 어디 있을까?

의원의 당선 행렬

윌리엄 호가스
1754 - 1755년
존 손 경 미술관, 런던
The Art Archive /
Sir John Soane's Museum /
Eileen Tweedy

옥스퍼드셔 의회 선거를 묘사한 이 그림에서
호가스는 당대 정치와 사회에 만연한 부패를
맹렬히 비판하고 있다.
화면 오른쪽 담 위에 앉은 굴뚝 청소부들을 보자.
불쌍한 곰에게 그들은 무슨 짓을 하고 있을까?

A B C D E F G H I J K L M N O P Q R S T U V W X Y Z

1 2 3 4 5 6 7 8 9 10 11 12 13 14 15 16 17 18 19 20 21 22 23 24 25 26

A B C D E F G H I J K L M N O P Q R S T U V W X Y Z

**1745년, 스코틀랜드로 향하는
왕실 근위대 또는 핀칠리로의 행진**
윌리엄 호가스
루크 설리번의 판화
1750년, 1761년 출간
국립 근사 박물관, 런던
*The Art Archive / National Army
Museum London*

왼쪽에 '토트넘 코트 보육원'이라고 쓰인 간판은
행렬이 어디를 지나고 있는지 알려준다.
오른쪽에 있는 높은 건물 지붕 위의 고양이들은
그곳이 사창가(cattery)라는 걸 암시하며,
술집 간판에는 찰스 2세 왕이 그려져 있다.

산마르코 광장의 복권 추첨
에우제니오 보사
1847년
시빅 컬렉션, 트레비소
The Art Archive / Civic
Collection, Treviso, Italy, Veneto /
Mondadori Portfolio / Electa

보사는 베네치아인들의 일상을
기발하고 재미있게 묘사해 인기가 높았다.
이 그림에는 복권 추첨 날 광장에 몰려든 인물들의
기쁨과 슬픔, 기대와 실망의 감정이
풍부하게 묘사되어 있다.
화면 왼쪽 끝, 오스만제국의 옷을 입은 남자가
이런 광경을 지켜보고 있다.

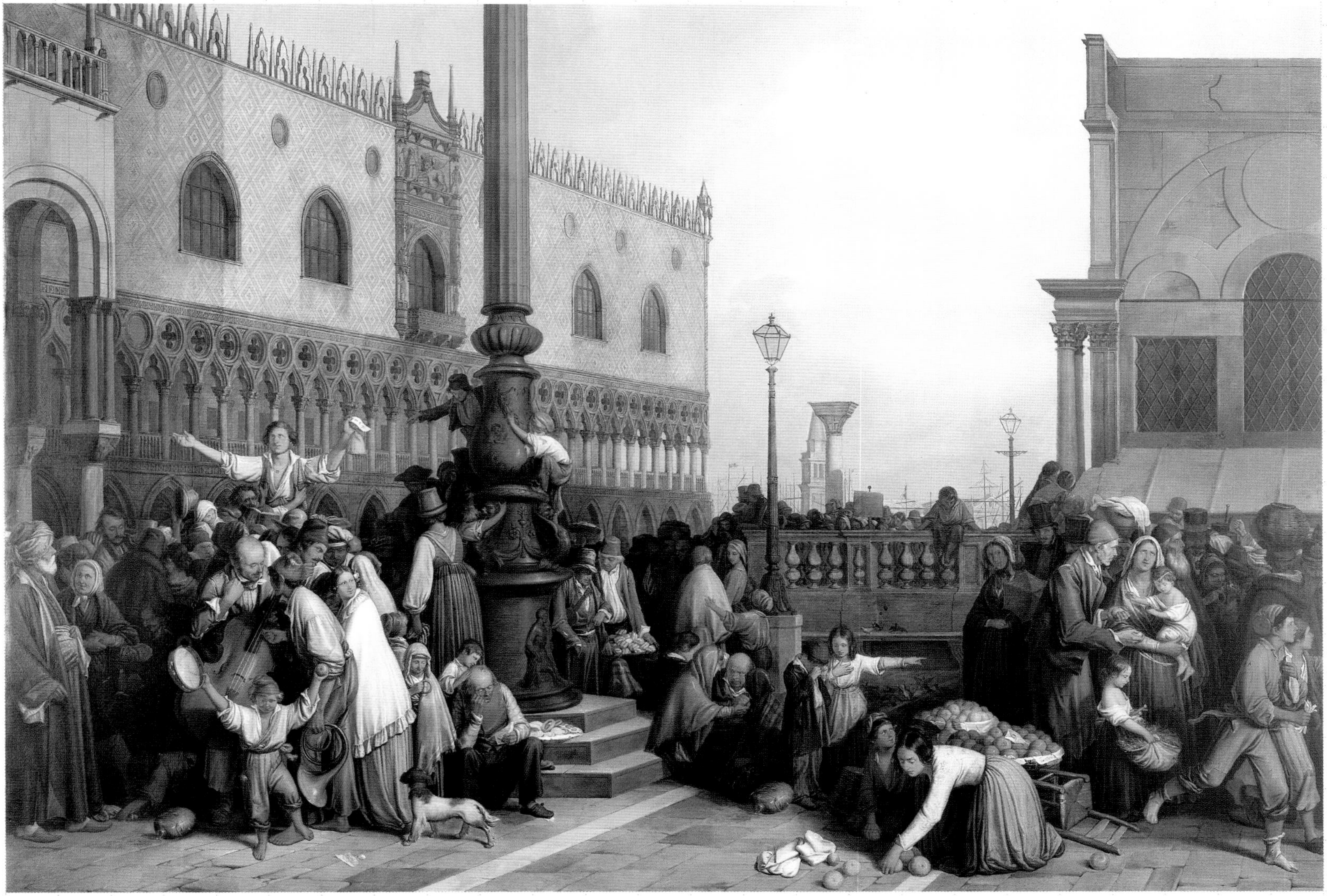

점심 식사

클로드 모네
1872-1876년
오르세 미술관, 파리
*The Art Archive / Musée du
Louvre Paris / Superstock to /
Mondadori Portfolio / Electa*

어느 화창한 여름날,
아르장퇴유에 있는 모네의 집의
소박한 점심 풍경이다.
모네의 부인 카미유는 한가로이 산책을 즐기고,
어린 아들 장은 식탁 옆에서 놀고 있다.

베네치아 산마르코 광장의 투우 경기

조반니 안토니오 카날레토
조반니 바티스타 치마롤리
18세기
에스텐세 도서관, 모데나
*The Art Archive / Biblioteca
Estense Modena / Collection
Dagli Orti*

베네치아의 오랜 역사와 전통을 지닌
화려한 행사, 축제 등을 묘사한 기록화는
역사적으로 중요한 자료들이다.
산마르코 광장에서 투우 경기가 열리는 날,
수많은 관람객이 광장 안팎을
가득 메운 채 흥겨운 축제를 함께하고 있다.

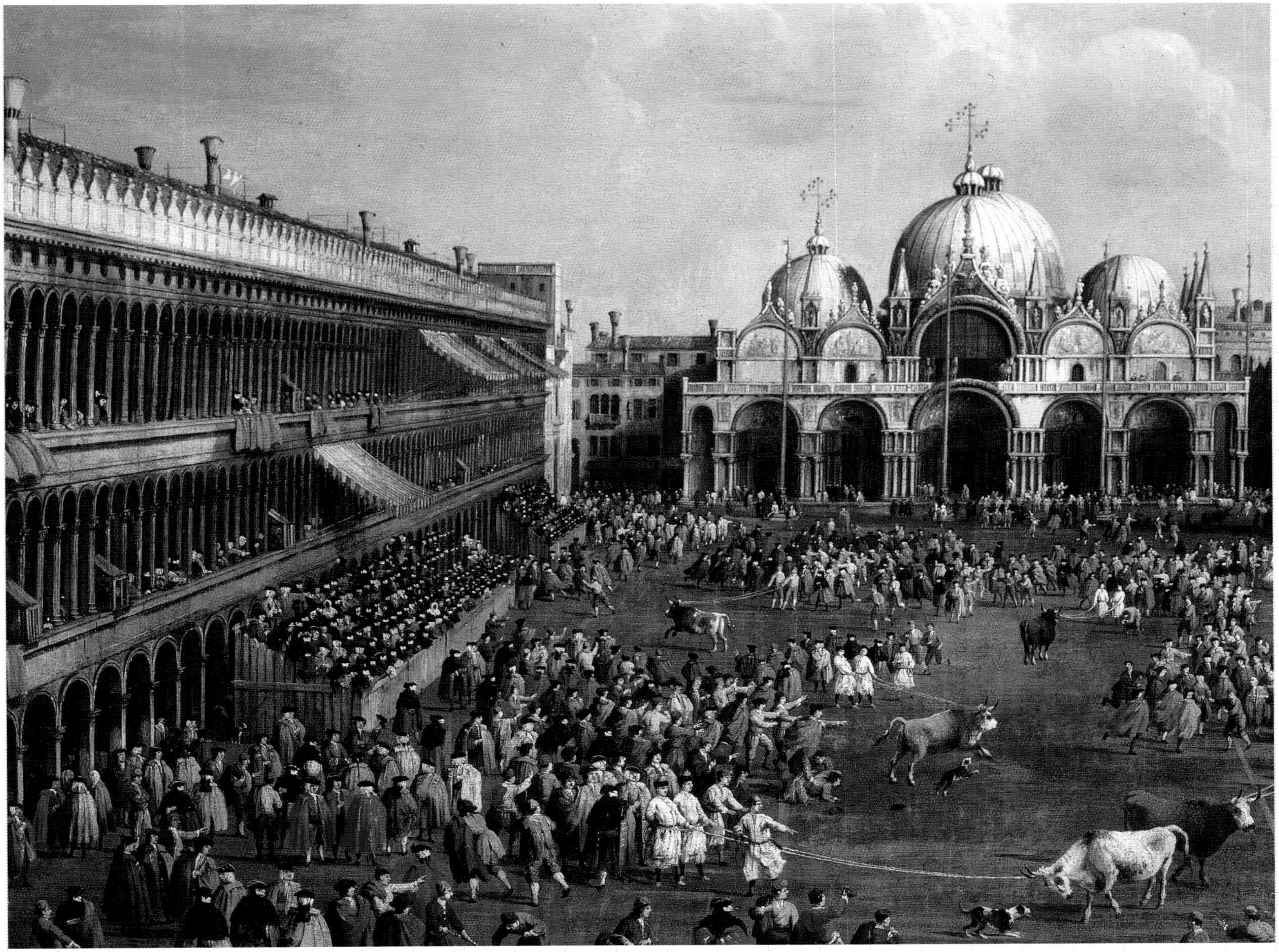

폭풍우

조르조 조르조네
1506-1508년
아카데미아 미술관, 베네치아
The Art Archive / Accademia
Venice / Collection Dagli Orti

수수께끼로 가득한 이 그림은
오랜 세월 미술사가들의
호기심을 자극해왔다. 부러진
기둥과 지붕 위의 하얀 황새가
중요한 상징일까? 남자가 신은
스타킹의 양쪽 색이 다른 것도
무언가를 의미할까? 그리고
왜 인물들은 폭풍이 다가오는
데도 전혀 동요하지 않는 걸까?

A B C D E F G H I J K L M N O P Q R S T U V W X Y Z

1
2
3
4
5
6
7
8
9
10
11
12
13
14
15
16
17
18
19
20
21
22
23
24
25
26

A B C D E F G H I J K L M N O P Q R S T U V W X Y Z

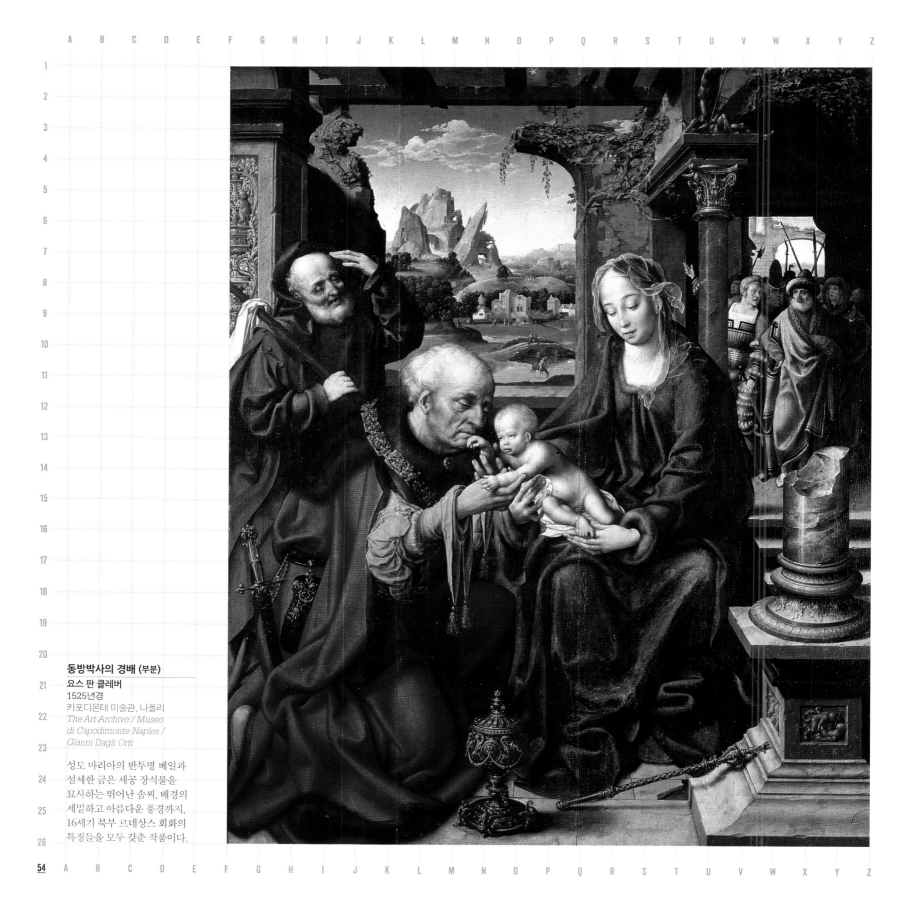

동방박사의 경배 (부분)

요스 판 클레버
1525년경
카포디몬테 미술관, 나폴리
*The Art Archive / Museo
di Capodimonte Naples /
Gianni Dagli Orti*

성모 마리아의 반투명 베일과
섬세한 금은 세공 장식물을
묘사하는 뛰어난 솜씨, 배경의
세밀하고 아름다운 풍경까지,
16세기 북부 르네상스 회화의
특징들을 모두 갖춘 작품이다.

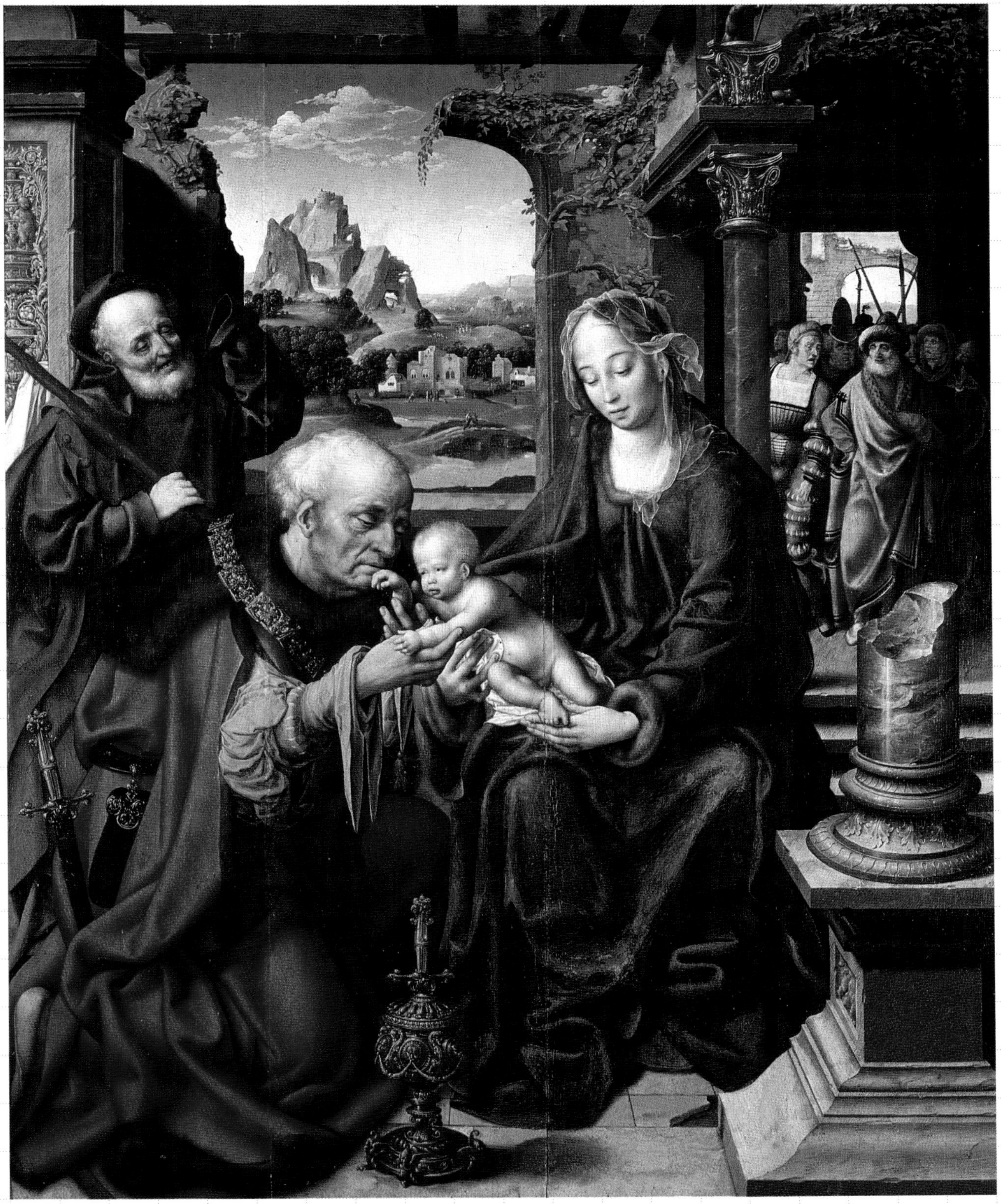

메두사 호의 뗏목

테오도르 제리코
1818-1819년
루브르 미술관, 파리
The Art Archive /
Musée du Louvre Paris /
Gianni Dagli Orti

1816년에 일어난 메두사 호 난파 사건은
프랑스 정치계를 엄청난 혼란으로 몰아넣었다.
뗏목에서 며칠 동안 힘겹게 버티던 사람들
150명 중에서 10명만이 살아남았을 뿐이다.
멀리, 임무를 제대로 수행하지 못한 구조선이 떠 있다.

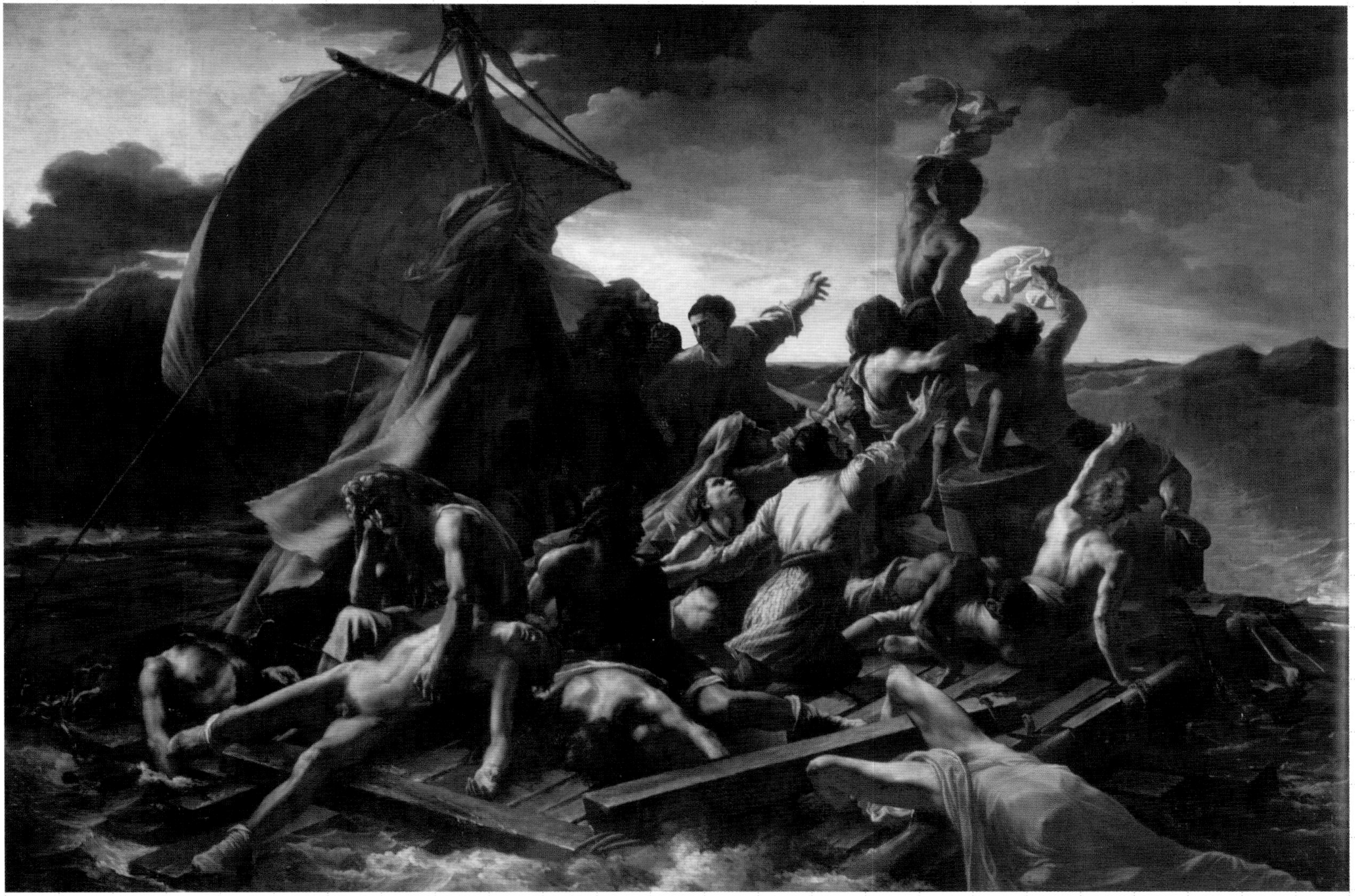

동방박사의 경배 (부분)
젠틸레 다 파브리아노
(젠틸레 디 니콜로)
1423년
우피치 미술관, 피렌체
*The Art Archive / Galleria degli
Uffizi Florence / Mondadori
Portfolio / Electa*

이 화려한 제단화를 주문한 후원자 팔라 스트로치는
성모자에게 경배를 올리는 동박박사들 뒤쪽에
빨간 모자를 쓰고 등장해
성경 속 한 장면을 함께하고 있다.
황금과 값비싼 보석으로 장식한 의상이 시선을 사로잡는 가운데
숨어 있는 표범을 찾아보자.

A B C D E F G H I J K L M N O P Q R S T U V W X Y Z

1 2 3 4

5 6 7 8 9 10 11 12 13 14 15 16 17 18 19 20 21 22 23 24 25 26

A B C D E F G H I J K L M N O P Q R S T U V W X Y Z

성 카타리나의 순교

야코포 달 폰테 (야코포 바사노)
1544년
시빅 컬렉션, 바사노 델 그라파
The Art Archive / Civic Collections,
Bassano del Grappa, Veneto, Italy /
Mondadori Portfolio / Electa

매우 극적이며 불안정한 분위기가 화면에 가득하다.
사람들과 말이 한데 뒤엉킨 혼란스러운 때
날카로운 침이 박힌 수레바퀴 위에서 수난당하던
성 카타리나는 무릎을 꿇고 간절히 기도했다.
이에 하늘은 환한 빛과 함께 왕관을 든 천사를 내려보내 응답했다.

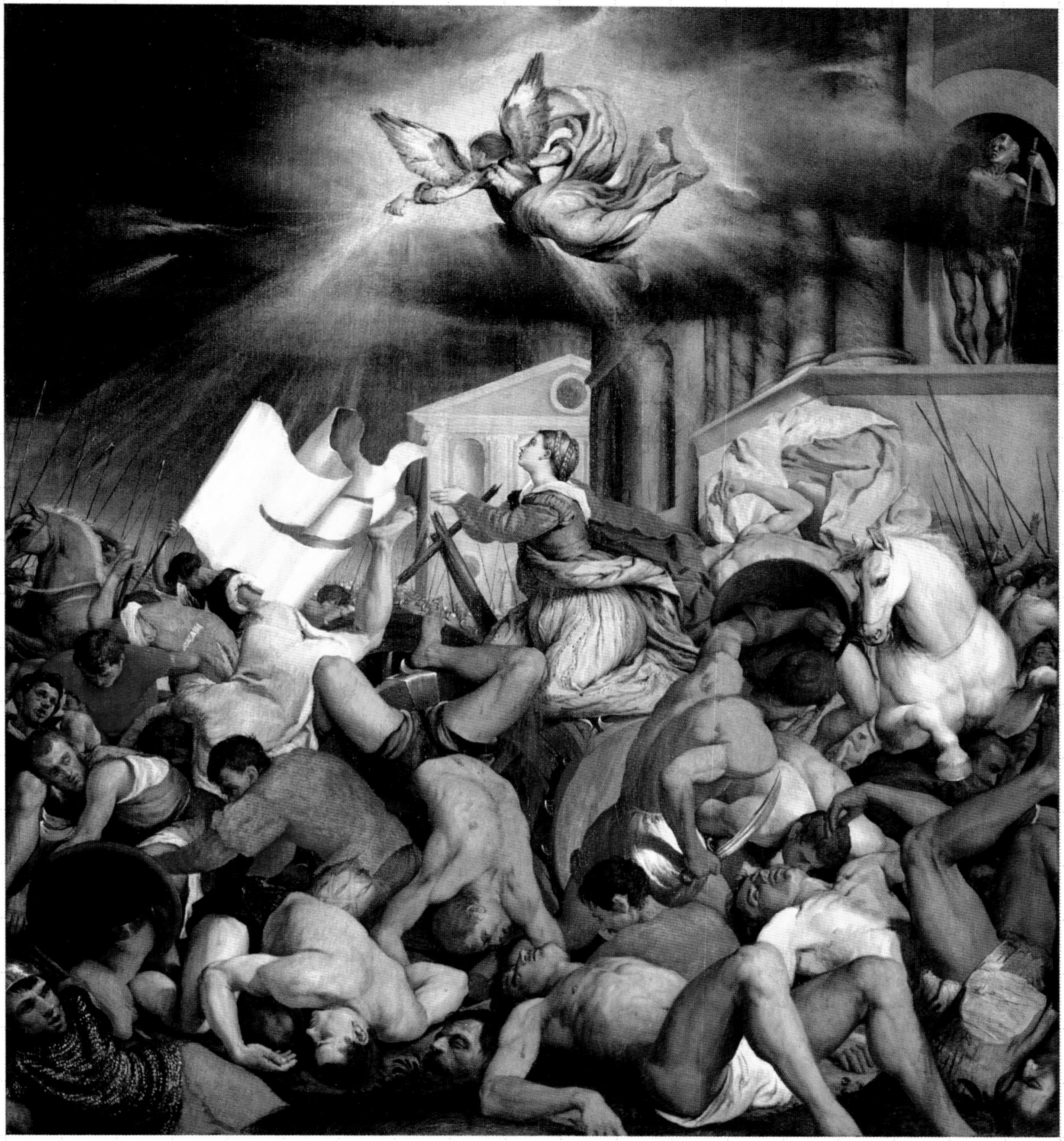

로사리오의 마돈나

로렌초 로토

1539년
산 니콜로 교회, 친골리
The Art Archive /
Mondadori Portfolio / Electa

이탈리아 도시 친골리의
수호성인 성 에수페란처오가
성모 마리아에게 도시 모형을
바치고 있다. 머리에 칼이
박힌 채 서 있는 베로나의 성
베드로를 찾아보자. 앞에는
어린 세례 요한과 천사들이
장미 꽃잎을 흩뿌리고 있다.

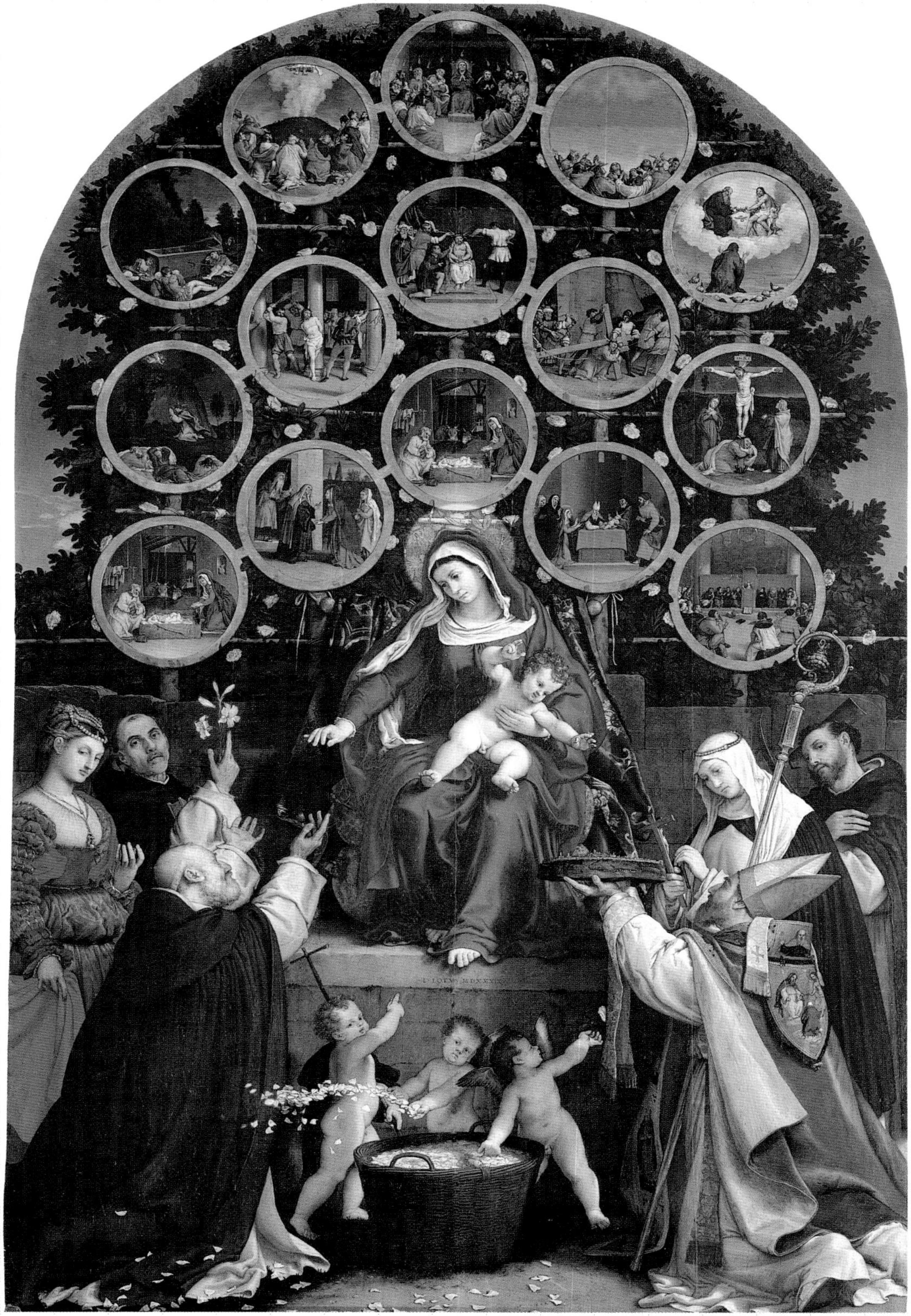

페르세우스와 안드로메다

조르조 바사리
1572년
팔라초 베키오, 피렌체
The Art Archive / Palazzo
Vecchio Florence / A. Dagli Orti

칼에 베어 쓰러진 용은 어디
있을까? 용의 피는 붉은
산호로 변했다. 안드로메다의
발치에는 고통스런 죽음을
맞이한 메두사의 머리와
페르세우스가 메두사로부터
자신을 지키기 위해 사용한
거울이 놓여 있다.

키스
구스타프 클림트
1908년경
벨베데레 오스트리아 갤러리, 빈
The Art Archive /
Österreichisches Galerie, Vienna /
Mondadori Portfolio / Electa

클림트는 1903년 이탈리아 라벤나에서
비잔틴 모자이크화를 본 후
더욱 적극적으로 금박을 그림에 이용했다.
눈부신 금빛으로 빛나는 이 그림은
사랑하는 여인과 함께한
화가의 자화상은 아닐까?

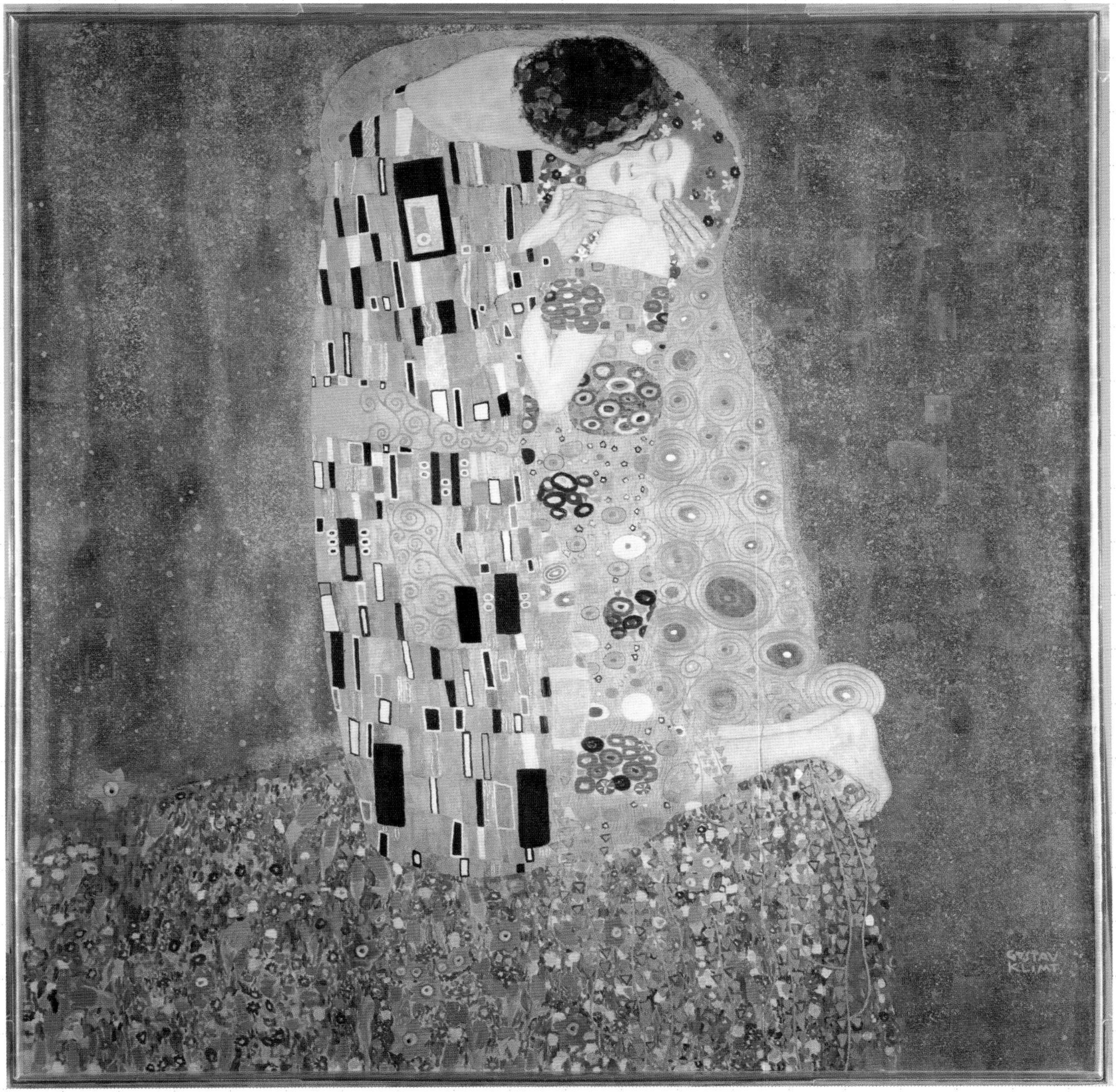

공작 깃털을 단 까마귀
프란스 스니더르스
제작 연도 미상
푸시킨 미술관, 모스크바
The Art Archive / Pushkin
Museum Moscow / Superstock

화려한 깃털을 빌려 치장하고 뽐내며 걷던
까마귀가 결국 창피를 당하는
안타까운 이야기를 묘사했다.
깃털 등 각양각색의 질감 표현에 탁월했던
화가의 실력을 잘 알 수 있다.

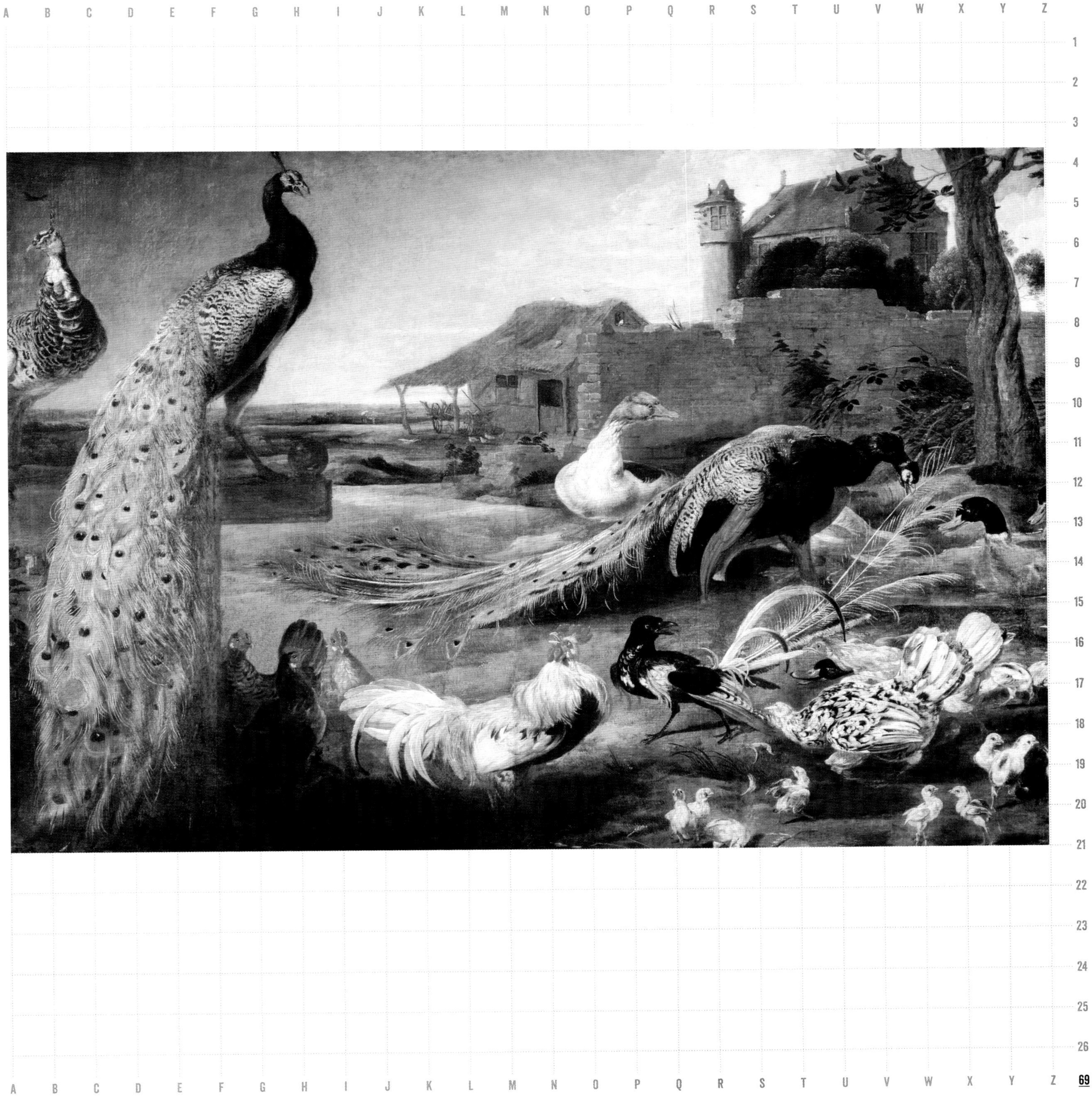

미덕의 승리

안드레아 만테냐
1502년경
루브르 미술관, 파리
The Art Archive / Musée du
Louvre Paris / Mondadori
Portfolio / Electa

지혜의 여신 미네르바가
선의 정원에서 악을 쫓아내는 장면이다.
악을 상징하는 켄타우로스, 원숭이 머리를 한 사람,
부엉이 머리로 날아가는 사람, 사람 모습을 한 나무 등
기괴한 형상들이 허겁지겁 달아나고 있다.

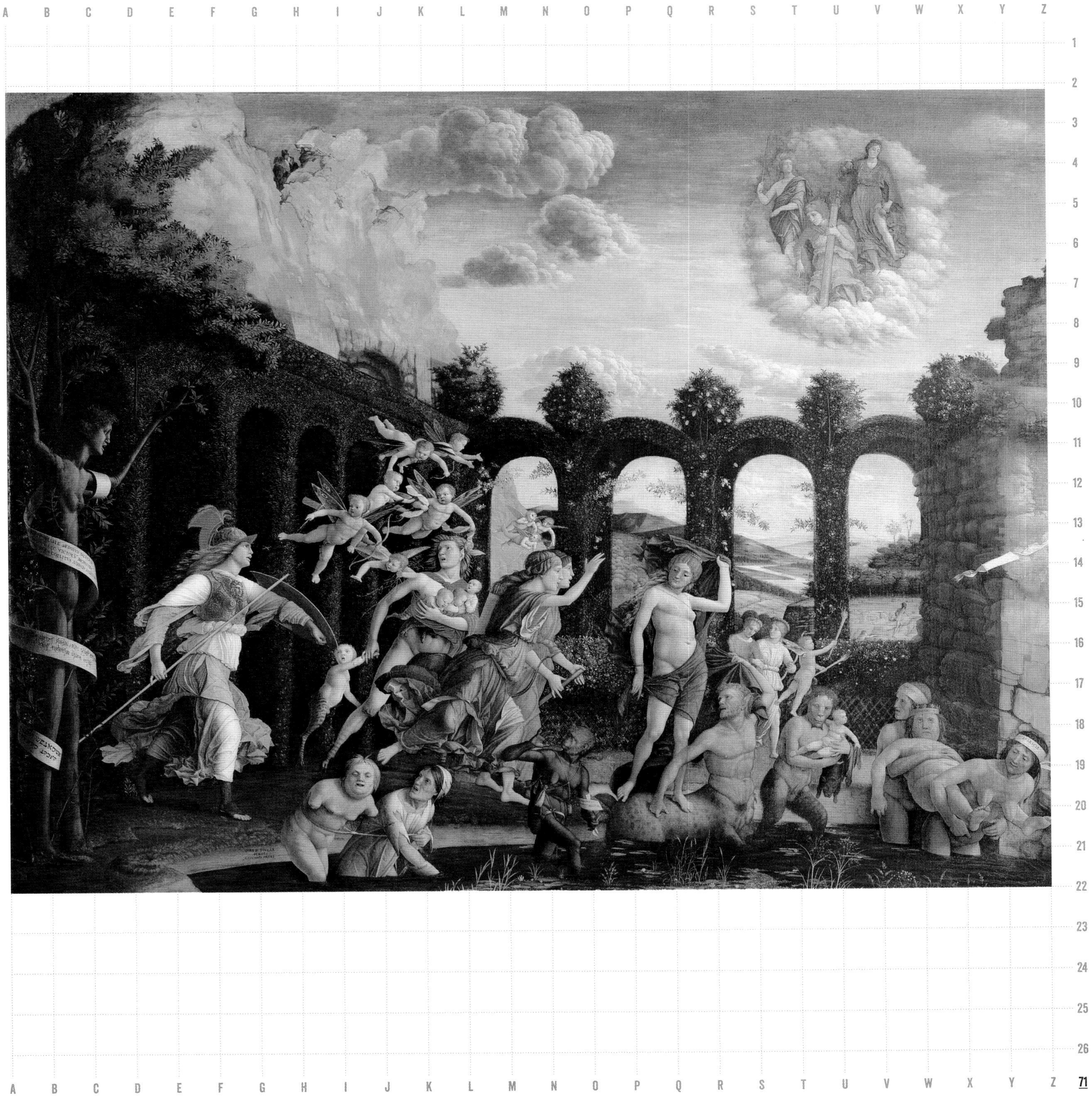

산토 스피리토 제단화
(성 카타리나, 성 아우구스티누스, 성 세바스티아누스,
성 안토니우스 대수도원장, 천사들, 어린 세례 요한과
함께한 성모 마리아의 대관)

로렌초 로토
1521년
산토 스피리토 교회, 베르가모
The Art Archive / Mondadori Portfolio / Electa

등장인물들이 입거나 걸친 의상의
섬세한 질감과 세밀한 장식이 돋보인다.
성모 마리아의 왕좌 밑으로 길게 늘어진 천 아래
화가의 이름과 날짜가 적힌 작은 두루마리도
놓치지 말자.

A B C D E F G H I J K L M N O P Q R S T U V W X Y Z

1
2
3
4
5
6
7
8
9
10
11
12
13
14
15
16
17
18
19
20
21
22
23
24
25
26

A B C D E F G H I J K L M N O P Q R S T U V W X Y Z

**선제후 프리드리히 현공의
사슴 사냥**

대(大) 루카스 크라나흐
1529년
미술사 미술관, 빈
*The Art Archive / DeA Picture
Library / G. Nimatallah*

선제후 프리드리히를 중심으로
막시밀리안 1세와 화가의 후원자인 선제후 요한이
함께 사냥하고 있다.
쫓고 쫓기는 역동적인 사냥터 뒤로
화가가 세밀하고 정교하게 묘사한 도시가 자리한다.
크라나흐만의 독특한 나무 묘사도 눈여겨보자.

A B C D E F G H I J K L M N O P Q R S T U V W X Y Z

1 2

3 4 5 6 7 8 9 10 11 12 13 14 15 16 17 18 19 20 21 22 23 24 25 26

A B C D E F G H I J K L M N O P Q R S T U V W X Y Z

깨어나는 양심

윌리엄 홀먼 헌트
1853년
테이트 갤러리, 런던
The Art Archive /
DeA Picture Library

한 남자와 그의 정부를
그린 그림으로, 여인의
손에는 결혼반지가 없다.
고양이에게 잡힌 새, 짜다가
만 태피스트리, 바닥의 악보에
쓰인 '눈물'이라는 글자와 같이
슬프고 허망한 삶을 나타내는
다양한 상징들이 등장한다.

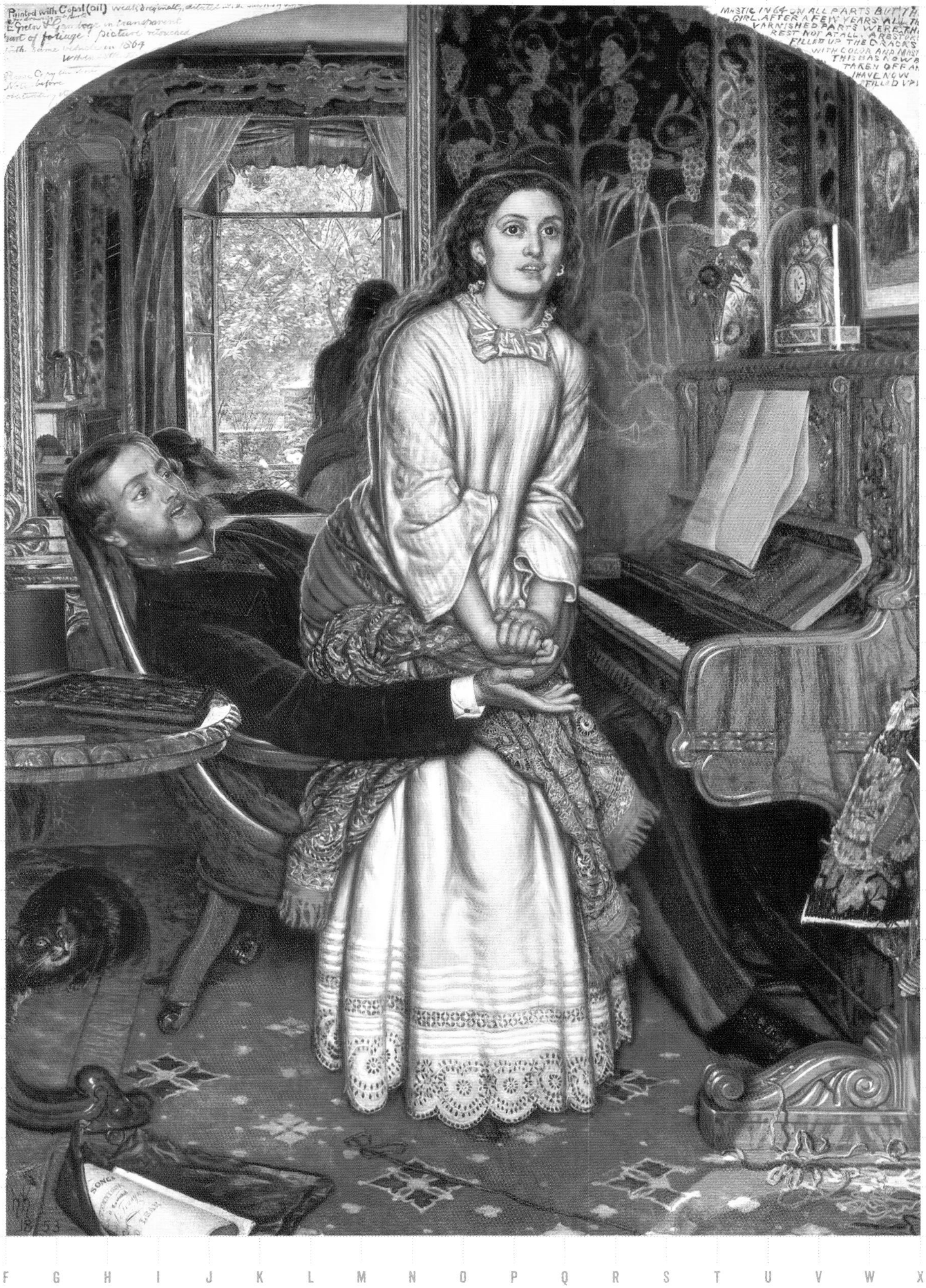

성 카타리나의 신비로운 결혼
대(大) 얀 브뤼헐
제작 연도 미상
The Art Archive / Superstock

카네이션과 튤립, 스노드롭,
팬지, 수선화로 이뤄진 화환이
아기 예수와 성 카타리나의
신비로운 결혼 장면을
둘러싸고 있다. 화환은 17세기
초에 제작된 종교화에서 큰
인기를 누렸다.

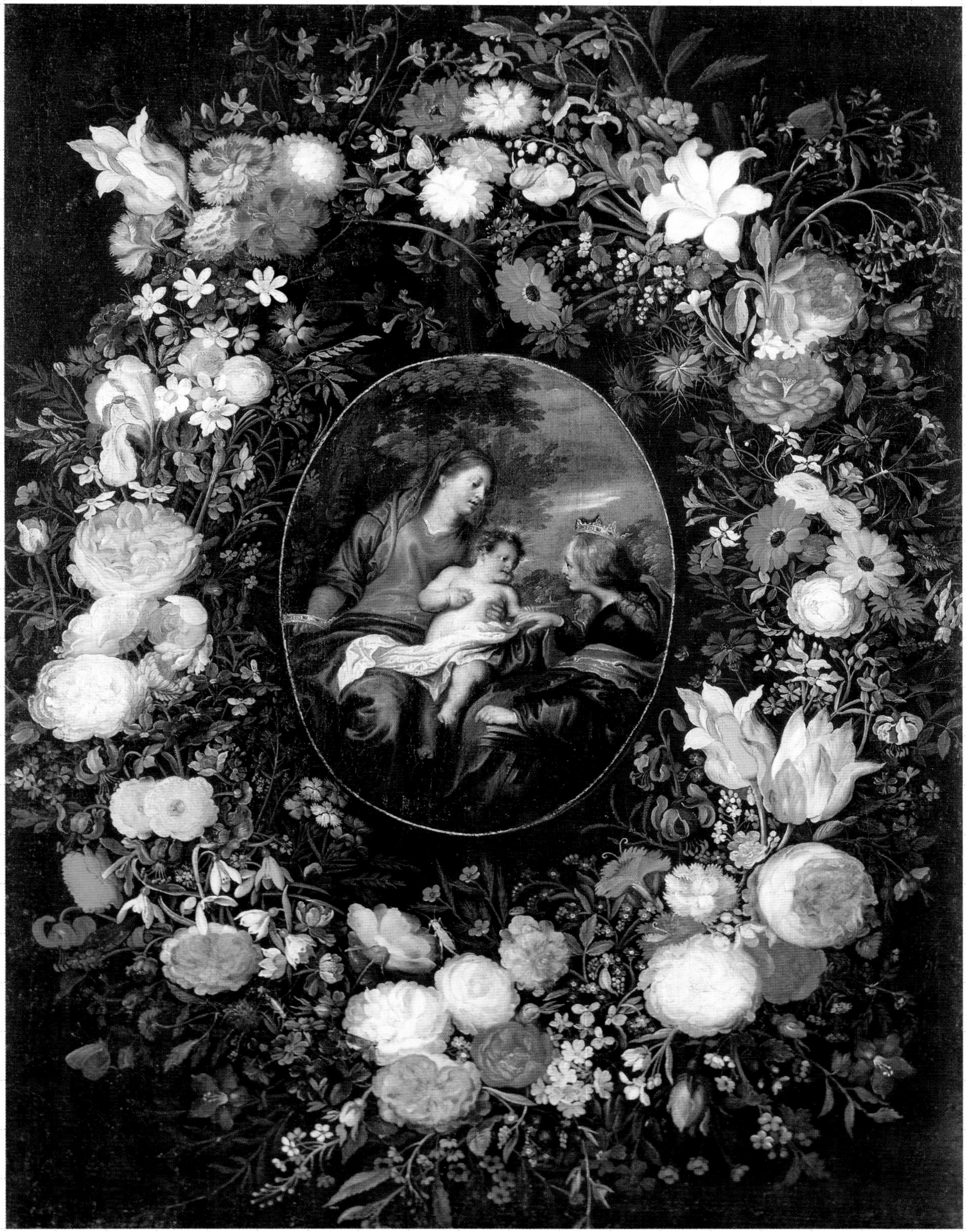

가나의 결혼

파올로 베로네세로 알려진
파올로 칼리아리
1562–1563년
루브르 미술관, 파리
The Art Archive / Musée du
Louvre Paris / Gianni Dagli Orti

갈릴리의 결혼식이 16세기 베네치아에서 펼쳐지고 있다.
성경 속 인물들과 잉글랜드의 메리 1세 같은
16세기의 인물들이 한데 어우러져
결혼식 만찬을 즐긴다.
화가 베로네세도 흰 옷을 입은 비올라 다 감바 연주자로서
이 장면에 동참하고 있는 것은 아닐까?

A B C D E F G H I J K L M N O P Q R S T U V W X Y Z

1 2 3

4 5 6 7 8 9 10 11 12 13 14 15 16 17 18 19 20

21 22 23 24 25 26

A B C D E F G H I J K L M N O P Q R S T U V W X Y Z

세속적인 쾌락의 동산 (부분)

히에로니무스 보스
1500–1505년경
프라도 미술관, 마드리드
The Art Archive /
DeA Picture Library

세폭화의 가운데 그림으로
노아의 홍수가 일어나기 직전
죄악으로 가득한 세계를
묘사했다. 꽃과 과일은
순식간에 끝나버리는 육신의
즐거움을 상징하고, 유리구는
깨지기 쉬운 인간의 행복을
말한다. 그림을 자세히
살펴보면 히에로니무스 보스가
최초의 초현실주의자로 불리는
이유를 알 수 있다.

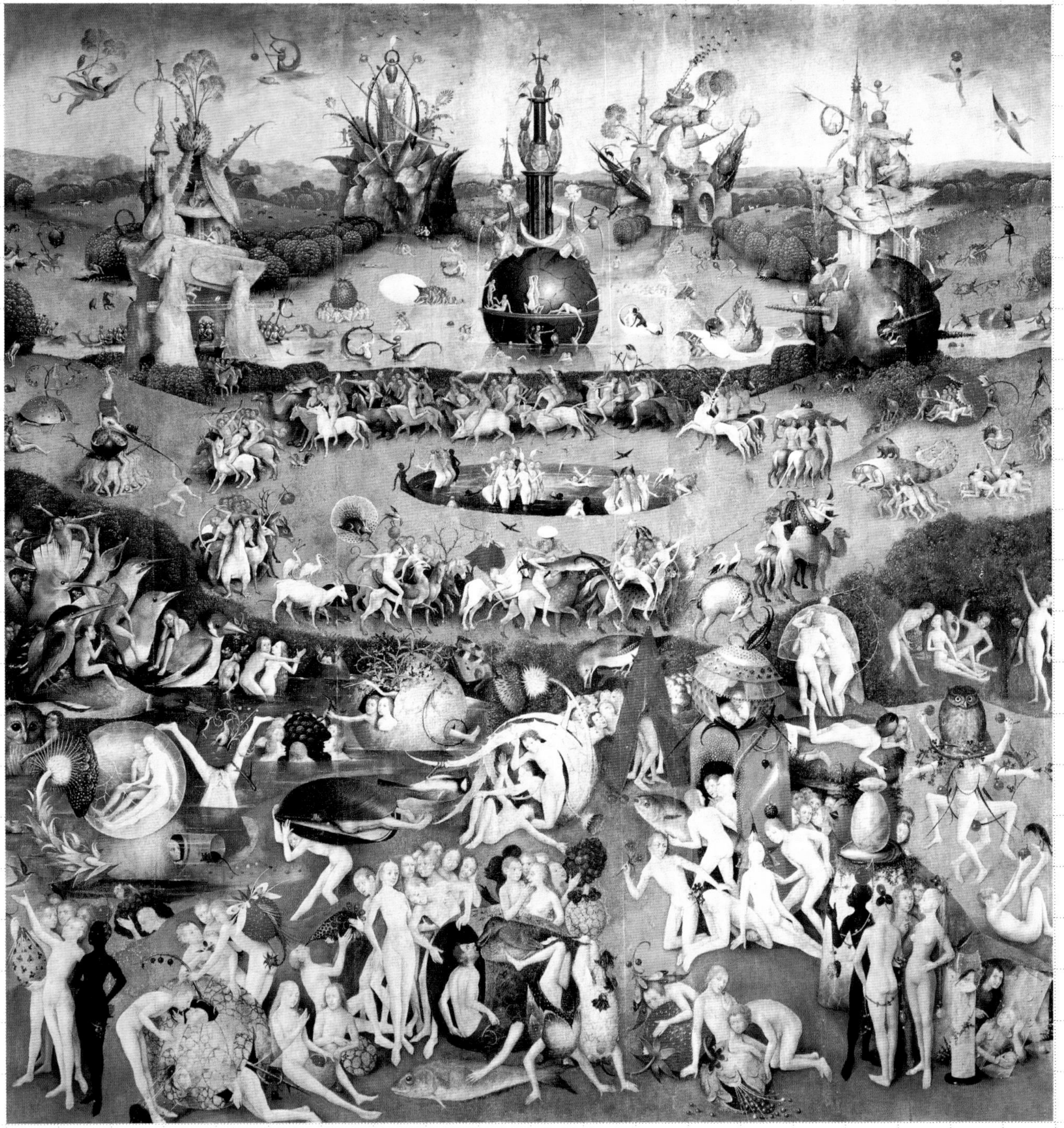

**천사와 성인들에 둘러싸여
왕좌에 앉은 성모자**

도메니코 기를란다요
1486년
우피치 미술관, 피렌체
*The Art Archive / Galleria degli
Uffizi Florence / Mondadori
Portfolio / Electa*

화려하고 섬세한 장식들이 빛나는 작품이다.
화면 오른쪽에 성 토마스 아퀴나스가 들고 있는
세밀화로 장식한 책, 금실 수를 놓은 옷,
다채로운 대리석 벽과 태피스트리 등
화가의 노력이 곳곳에 스며 있다.

**이집트의 공물을 받는
율리우스 카이사르**

안드레아 델 사르토, 알레산드로 알로리
1520년
빌라 메디체아, 포조 아 카이아노
*The Art Archive /
DeA Picture Library / G. Roli*

화면 전체가 매우 풍성하며 이국적인 느낌이다.
앞쪽에 조개가 담긴 바구니,
황제의 오른편에 앉은 남자의 진주를 두른 화려한 의상,
배경에 살짝 보이는 코끼리까지
구석구석 놓치지 말고 들여다보자.

A B C D E F G H I J K L M N O P Q R S T U V W X Y Z

1 2 3 4 5 6 7 8 9 10 11 12 13 14 15 16 17 18 19 20 21 22 23 24 25 26

A B C D E F G H I J K L M N O P Q R S T U V W X Y Z

틀린 그림들

P8
봄 (부분)
주세페 아르침볼도

X2, Q13, J11, M21, S18, M7, Q16, O23, P3, R26, I12, J19, L14, P9, I3, N8, O24, S3, X9, G9

P10
시녀들, 에스파냐의 펠리페 4세 가족 (부분)
디에고 벨라스케스

J12, C8, I8, D6, P7, U15, Q8, R2, I3, E9, C20, I13, G10, R12, V18, M12, N7, Q7, C9, P10

P12
마르타와 마리아의 집을 방문한 그리스도
피터르 아르천

Z8, U11, F7, C19, W5, N15, I6, P5, J13, P12, T9, B7, J7, R18, Q7, M13, G7, W16, W11, X6

P14
앵무새 새장
얀 스테인

I3, O6, K25, I20, Y5, X23, Y17, S13, U13, I22, P2, I23, J24, M19, V11, G23, S18, K20, T7, V17

P16
델프트의 집 안뜰
피터르 데 호흐

K7, L8, H10, G21, X10, R18, P19, K6, K3, N12, K11, J14, U11, G13, G18, T24, S8, X23, U9, V15

P18
그랑자트 섬의 일요일
조르주 쇠라

S9, E14, P9, W6, H12, K17, B5, J7, B12, F10, Q4, K10, N11, T8, W18, C7, Y10, Q13, R15, X20

P44
1745년, 스코틀랜드로 향하는 왕실 근위대 또는 핀칠리로의 행진
윌리엄 호가스, 루크 설리번의 판화

K8, U5, R14, G18, M16, N14, Q10, Y11, Y7, B13, D10, J12, L10, L12, Q12, U22, K12, I17, S19, T13

P46
산마르코 광장의 복권 추첨
에우제니오 보사

U12, Q11, P10, O20, V20, K16, D20, I5, E4, D10, P11, Q15, S17, R13, Y14, M18, H12, L17, B17, Y7

P48
점심 식사
클로드 모네

M17, H12, C14, O2, V18, R18, P13, H6, P5, B10, R3, J14, N21, U7, D13, N15, S17, G14, K17, O18

P50
베네치아 산마르코 광장의 투우 경기
조반니 안토니오 카날레토, 조반니 바티스타 치마롤리

N8, W6, P15, W18, P9, K7, E14, R18, U10, G6, D10, T9, V16, Y19, X16, U4, N8, U15, I9, O8

P52
폭풍우
조르조 조르조네

G16, O12, S8, Q5, I10, L10, X18, L14, R7, T12, Y7, P10, O18, S18, M8, G8, N10, V15, U7, J11

P54
동방박사의 경배 (부분)
요스 판 클레버

X22, T8, W7, N6, M19, U24, O1, P11, H18, G9, V9, N21, L1, P4, M14, J7, W12, H19, U3, R7

P56
메두사 호의 뗏목
테오도르 제리코

N8, P13, F8, E20, U9, R21, Q6, M9, C16, M19,
S14, X14, I16, U17, I18, X11, H5, O19, U19, K20

P58
동방박사의 경배 (부분)
젠틸레 다 파브리아노 (젠틸레 디 니콜로)

K11, E7, T17, N6, Z11, Q5, Y8, W15, R18, D13,
U14, R7, D6, C9, M14, N10, O8, Q19, H11, K6

P60
성 카타리나의 순교
야코포 달 폰테 (야코포 바사노)

N9, P5, N3, V7, K9, L21, K12, K15, V20, L9, T18,
T7, H11, O15, Q17, V10, G10, K5, F18, N13

P62
로사리오의 마돈나
로렌초 로토

V16, H17, I12, R3, R16, J15, N21, U22, G21, P24,
Q11, I5, L16, L20, R13, U18, J22, S15, N11, H13

P64
페르세우스와 안드로메다
조르조 바사리

X10, N8, T15, X2, I7, V13, V4, U11, M20, K20,
H17, R9, G8, I11, L8, L14, P21, Y7, J8, K7

P66
키스
구스타프 클림트

K6, Q13, L13, L9, M4, S15, F17, S20, P6, J10, R16,
M13, O12, O15, N17, J20, J12, O4, Q5, Q6

P68
공작 깃털을 단 까마귀
프란스 스니더르스

M6, R10, U20, Y5, U4, R4, R6, M10, Q10, X11,
B17, G16, M16, R15, V6, S19, L16, B10, M8, V8

P70
미덕의 승리
안드레아 만테냐

O13, O16, Y14, V12, V15, R15, L13, I3, P7, K20,
I18, M20, I12, P15, S12, B19, H16, T6, D20, X9

P72
산토 스피리토 제단화 (성 카타리나, 성 아우구스티누스, 성 세바스
티아누스, 성 안토니우스 대수도원장, 천사들, 어린 세례 요한과 함께한
성모 마리아의 대관) / 로렌초 로토

M21, O19, R12, U11, M3, H2, K4, J15, F21, M15, F6, V17,
U20, G11, H11, P15, W6, T5, M8, J11

P74
선제후 프리드리히 현공의 사슴 사냥
대(大) 루카스 크라나흐

I8, J6, C4, D5, Z5, P10, E11, X4, X17, Y10, F9, B11, L18, N14, L13, K11, E14, C20,
P15, J9

P76
깨어나는 양심
윌리엄 홀먼 헌트

L5, Q25, R13, U10, I9, O6, P8, U7, R16, G14, V16,
V23, I26, O20, G22, V6, R5, X3, T25, M25

P78
성 카타리나의 신비로운 결혼
대(大) 얀 브뤼헐

Q15, K14, K7, P20, H19, S25, R12, U16, I4, T7, T3, W23,
K19, V3, J23, L13, M25, H7, S19, P7

P80
가나의 결혼
파올로 베로네세로 알려진 파올로 칼리아리

I5, P5, P6, R7, N11, L11, E12, D17, L17, O19, F10,
P13, J11, V9, S11, C14, K18, P20, V18, V16

P82
세속적인 쾌락의 동산 (부분)
히에로니무스 보스

L12, O13, T8, R8, R4, U4, V5, Y6, H5, S13, M20, N17,
I10, M8, Q6, Y4, G9, I11, K10, N12

P84
천사와 성인들에 둘러싸여 왕좌에 앉은 성모자
도메니코 기를란다요

S5, R2, S4, C5, V7, S11, E10, N18, M21, F3, J2,
C2, Q3, P5, Q21, G18, G5, F7, O11, V9

P86
이집트의 공물을 받는 율리우스 카이사르
안드레아 델 사르토, 알레산드로 알로리

F5, K4, B5, B15, O12, U4, T3, X9, E9, D18, S15,
S16, Z13, O14, K12, D3, S5, Z5, Y10, Z7